DES AGENTS
DIPLOMATIQUES

DE LEURS FONCTIONS
DE LEURS DROITS — DE LEURS DEVOIRS

D'APRÈS

LE DERNIER ÉTAT DE LA JURISPRUDENCE
ET DE LA DOCTRINE

Par Henri COULON

Avocat à la Cour de Paris

PARIS

MARCHAL & BILLARD, IMPRIMEURS-ÉDITEURS

LIBRAIRES DE LA COUR DE CASSATION

DES

AGENTS DIPLOMATIQUES

DE LEURS FONCTIONS

DE LEURS DROITS — DE LEURS DEVOIRS

OUVRAGES DU MÊME AUTEUR

Jurisprudence de la Cour de Cassation, sur la loi électorale de 1874, par Henri Coulon, avocat à la Cour d'appel. . . . . . . 1 fr. 50

Jurisprudence de la Cour de Cassation, sur la loi relative à l'ivresse publique, par Henri Coulon, avocat à la Cour d'appel. . 1 fr. 50

Étude pratique et projet de loi sur l'application du Jury en matière correctionnelle, par MM. Albert Faivre et Henri Coulon, avocats à la Cour d'appel. . . . . 1 fr. »

Manuel-formulaire du Divorce et de la Séparation de corps, contenant les lois du 27 Juillet 1884 et 20 Avril 1886, article par article : 1° la législation antérieure; 2° le résumé des travaux et débats parlementaires; 3° l'exposé complet et raisonné de la doctrine et de la procédure ; 4° le sommaire des principales décisions rendues de 1809 à ce jour, par les tribunaux français et étrangers, avec les renvois aux recueils; 5° un modèle de chaque acte de la procédure en divorce : une table alphabétique et analytique, très détaillée, rend les recherches des plus faciles, par Henri Coulon, avocat à la Cour d'appel de Paris et Albert Faivre, avocat, ancien directeur à la Préfecture de la Seine. *Quatrième édition,* entièrement refondue. 1 volume de plus de 600 pages. . . . . 6 fr. 50

Jurisprudence du divorce, recueil, par ordre chronologique, contenant : 1° le texte des arrêts de principes rendus en causes de Divorce, depuis 1803 jusqu'à ce jour, par les tribunaux français et étrangers : 2° le texte de toutes les décisions des tribunaux étrangers, citées par les divers commentateurs de la loi rétablissant le Divorce; par les auteurs du *Manuel-Formulaire du Divorce*, 1 fort et beau volume in-18. Deuxième tirage . . . . 5 fr. »

Commentaire de la loi sur les marchés a terme, par Henri Coulon avocat à la Cour d'appel. 1 volume . . . . 1 fr. 50

De la condition des enfants naturels reconnus dans la succession de leurs père et mère. — Ce qu'elle a été. — Ce qu'elle est. — Ce qu'elle devrait être, par Henri Coulon, avocat à la Cour d'appel. 1 volume . . . . 2 fr. 50

Code pratique des assurances maritimes, du délaissement, des avaries, du jet et de la contribution, par Henri Coulon et Georges Houard, avocats à la Cour d'appel. 2 volumes. 16 fr. »

En cours de publication.

Dans les lois nouvelles, recueil bi-hebdomadaire.

Législation nouvelle de la liquidation judiciaire et de la faillite, par Henri Coulon, avocat à la Cour. 1 volume. . . . . 8 fr. »

ÉMILE COLIN. — IMPRIMERIE DE LAGNY

DES AGENTS
DIPLOMATIQUES

DE LEURS FONCTIONS

DE LEURS DROITS — DE LEURS DEVOIRS

D'APRÈS

Le dernier état de la Jurisprudence
et de la doctrine.

PAR

HENRI COULON

AVOCAT A LA COUR DE PARIS

PARIS

MARCHAL ET BILLARD, IMPRIMEURS-ÉDITEURS

Libraires de la Cour de Cassation.

27, PLACE DAUPHINE, 27

—

1889

23 mars 1889.

Cette petite brochure n'a aucune prétention doctrinale ; parue dans le RÉPERTOIRE ENCYCLO-PÉDIQUE DE LA GAZETTE DU PALAIS, sous la rubrique « AGENTS DIPLOMATIQUES », j'ai pensé qu'elle pouvait être d'une certaine utilité à mes Confrères du Barreau et c'est ce qui m'a déterminé à la publier.

HENRI COULON

Avocat à la Cour de Paris

LÉGISLATION

Art. 3. 14, 15, 16, 17, 48, 106, 428, 429, 430, 431 Cod. civil ; — Art. 166, 167, 939 C. pr. civ. ; — Art. 84, 85 C. pén. ; — Art. 5, 514, 515, 516, 517 C. inst. crim. ; — Ord. 3 mars 1871 ; — Protocole du Congrès de Vienne 19 mars 1815 ; — Résolution du Congrès d'Aix-la-Chapelle 21 nov. 1818 ; — Arr. 11 déc. 1789 ; — Décr. 28 janv. 1790 ; — Décr. 6 août 1791, t. I, art. 1 ; — Const. 3 sept. 1791, t. III, chap. 4, art. 2. — Décr, 4-5-8 juill. 1792, art. 16 ; —Décret 23-27 nov. 1792 ; — Const. 24 juin 7193, art. 69 ; — L. 13 vent. an II ; — L. 6 fruct. an II ; — L. 4 flor. an III ; — L. 7 therm. an III ; — Const. 5 fruct. an III ; — L. 20 therm. an IV ; — Arr. dir. 26 vendém. an VII ; — Arrêté dir. 22 mess. an VII ; — Const. 22 frim. an VIII, art. 41, 75 ; — Arr, 3 flor. an VIII ; — Arr. 25 therm. an VIII ; — Arr. 2 prair. an XI, art. 122 ; — Décr. 24 mess. an XII, t. XIII ; — Circ. min. 7 vent. an XIII ; — Décr. 6 frim. an XIII ; — Décr. 21 déc. 1808 ; — Décr. 28 janv. 1809 ; — Décr. 20 fév. 1809 ; — Décr. 4 mai 1812, art. 4 à 6 ; — Ord. 9 déc. 1814, art. 105 ; — Déc. min. 27-29 mars 1822 ; — Ord. 25 avril 1830 ; — Ord. 16 déc. 1832 ; — Ord. 1er mars 1833 ; — Ord. 22 mai 1833 ; — Ord. 18 août 1833 ; — Ord. 20 août 1833 ; — L. min. 21 juin 1843 ; — Circ. 16 mars 1849 ; — Décl. 16 avril 1856 ; — Décr. 18 août 1856 ; — Décr. 8 mars 1865 ; — L. min. 11 juill. 1866 ; — Règlem. 1er oct. 1867 ; — Déc. 1er déc. 1869 ; — Décr. 5 sept. 1870 ; — Décr. 19 sept. 1870 ; — Déc. 20 sept. 1873 ; — Déc. min. fin. 1er oct. 1874 ; — Circ. 9 avril 1875 ; — Décr. 27 fév. 1877 ; — Déc. 12 décr. 1877 ; — Décr. 25 juin 1879 ; — Décr. 21 fév. 1880 ; — Arr. 27 fév. 1880 ; — Note 1er mars 1880 ; — Décr. 6 avr. 1880 ; — Rapp. 19 avril 1880 ; — Décr. 20 avril 1880 ; — Décr. 24 avr. 1880 ; — Décr. 30 avril 1880 ; — 2 Arr. 30 avril 1880 ; — Décr. 10 juill. 1880 ; — Décr. 14 août 1880 ; — 2 Décr. 18 sept. 1880 ; — Décr. 30 sept. 1880 ; — Circ. 25 nov. 1880 ; — Décr. 27 déc. 1880 ; — Décr. 11 mars 1881 ; — Décr. 2 fév. 1882 ; — Décr. 8 fév. 1882 ; — Déc. 9 fév. 1882 ; — Déc. 25 mars 1882 ; — Décr. 31 mars 1882 ; — Décr. 1er avril 1882 ; — Décr. 15 avril 1882 ; — — Décr. 26 avril 1882 ; — Arr. 8 mai 1882 ; — Décr. 17 juillet 1882 ; — Décr. 1er déc. 1882 ; — Décr. 9 mars 1883 ; — Décr. 27 avril 1883 ; — Décr. 21 nov. 1883 ; — Décr. 30 nov. 1883 ; — Décr. 21 janv. 1884 ; — Décr. 10 mars 1884 ; — Décr. 20 mai 1885 ; — Arr. 25 janv. 1886 ; — Décr. 25 janv. 1887.

INDEX ALPHABÉTIQUE

DIVISION

DES
AGENTS DIPLOMATIQUES

DE LEURS FONCTIONS

DE LEURS DROITS -- DE LEURS DEVOIRS

Chapitre I. — Généralités.

1. — La diplomatie est la science des relations qui existent entre les divers Etats, telles qu'elles résultent de leurs intérêts réciproques, des principes du droit international et des stipulations des traités ou des conventions : Calvo, Le dr. intern. théor. et prat., 4ᵉ édit., t. 3, n. 1310. — Suivant un grand nombre d'auteurs, la diplomatie ne serait qu'un art : Ch. de Martens, Guide diplomat., considér. génér.; Heffter, Dr. intern. de l'Europe, trad. J. Bergson, n. 227 ; Pradier-Fodéré, Traité de dr. intern. publ., t. 3, n. 1127. — D'après M. Lehr (Répertoire alph. Fuzier-Hermann, vᵒ Agents diplom., n. 6), la diplomatie est à la fois un art et une science.

2. — Ceux qui pratiquent la diplomatie s'appellent, d'un terme général, des diplomates. Les agents diplomatiques ou ministres publics sont spécialement envoyés par un État auprès d'un autre État, pour entretenir avec celui-ci des rapports d'intérêts politiques, économiques, etc..., pour traiter une affaire déterminée, ou représenter l'État qui les envoie dans une circonstance donnée.

3. — Ces relations entre États sont dites relations diplomatiques, et les agents diplomatiques ou ministres publics sont des diplomates. Les relations diplomatiques étaient jadis accidentelles. Elles sont devenues permanentes depuis près de trois siècles.

4. — On appelle « corps diplomatique » l'ensemble des ministres publics et de leur suite officielle envoyés par les différents États auprès d'un même gouvernement. Le corps diplomatique ne constitue ni une personne juridique ni une personne politique, mais on lui reconnaît le droit de formuler des sentiments et des principes communs, et ses déclarations ont une autorité internationale qui commande le respect : Pradier-Fodéré, t. 3, n. 1262. — Le corps diplomatique est présidé en général par le doyen, celui de ses membres dont les lettres de créance sont les plus anciennes, ou bien, dans les pays catholiques, par le nonce du pape. Le président n'a d'autres prérogatives que de porter la parole au nom de ses collègues : Calvo, t. 3, n. 1327.

5. — Les agents diplomatiques diffèrent des consuls, en ce sens que ceux-ci ne représentent pas, à proprement parler, un État auprès d'un autre État, mais les intérêts individuels de leurs nationaux. Ils n'ont pas pour mission de s'occuper de politique, ni de conclure des accords, conventions, traités : Paris, 28 juin 1883 (S, 84. 2. 29) ; — mais de veiller sur les affaires commerciales de leurs concitoyens et les protéger : Aix 14 août 1829 (S. 30. 2. 190 ; S. chr.). — La réunion de tous les consuls résidant dans un même pays, c'est-à-dire l'établissement consulaire, est soumise à l'autorité et à la surveillance de l'agent diplomatique accrédité dans le même pays.

6. — Le consul, n'étant pas le représentant d'un gouvernement, ne jouit pas, en principe, des privilèges et immunités qui sont accordés aux agents diplomatiques. Si, en pratique, il participe à ces avantages, c'est par pure condescendance, par réciprocité ou par conventions diplomatiques : Ord. Cons. d'Ét. 17 nov. 1843 (S. 44. 2. 135 ; D. 44. 3. 42), — Paris 8 janv. 1886 (Gaz. Pal. 86. 1

217). — Un agent diplomatique doit, pour être accrédité auprès d'un gouvernement, être reçu en audience par le chef de l'État et lui remettre des lettres de créance. Un consul, pour entrer en fonctions, communique, par voie diplomatique, une commission ou lettre de patente, et obtient du gouvernement l'exequatur. Il n'a pas à se présenter en audience devant le chef de l'État.

7. — Cependant, dans le Levant et les Echelles de Barbarie, les consuls sont considérés comme de vrais ministres publics jouissant d'une manière plus absolue et plus complète que les divers membres du corps diplomatique européen de l'inviolabilité de leurs personnes et comme étant complètement indépendants de toute juridiction territoriale : Trib. corr. Tunis 26 mai 1885 (Journ. dr. intern. privé 1885, 290).

Chap. II. — Du droit d'Ambassade ou de Légation.

8. — Le droit d'envoyer ou de recevoir des agents diplomatiques est ce que l'on appelle le droit de légation actif et le droit de légation passif. Le droit de légation actif est un attribut de la souveraineté. Tout État souverain a donc le droit d'envoyer auprès des puissances étrangères des ministres publics : Merlin, Répert., v° Ministre public, sect. 2, §1; Heffter, n. 200; Pradier-Fodéré, t. 3, n. 1240.

9. — Jouit du même droit, tout État soumis à un vasselage, à une alliance même inégale ou à une protection étrangère. Cet État conserve toujours sa souveraineté : Merlin, Répert., v° Ministre public, sect. 2, §§ 3 et 4; Heffter, n. 200.

10. — Quant aux États mi-souverains, ils ne jouissent de ce droit que dans les limites autorisées par la constitution politique à laquelle ils sont soumis : Merlin, Répert., v° Min, publ., sect. 2, § 2; Heffter, n. 200; Calvo, t. 3, n. 1322; Pradier-Fodéré, t. 3, n. 1241.

11. — Les États fédérés et confédérés n'ont pas l'exer-

cice du droit de légation : Pradier-Fodéré, t. 3, n. 1242.
— Ainsi, la constitution des États-Unis d'Amérique a enlevé à chaque État particulier le droit de représentation et
leur défend de conclure, sans le consentement du congrès
fédéral, aucun arrangement, aucune convention avec une
nation étrangère. Le même principe a prévalu parmi les
États qui forment les fédérations de l'Amérique du Sud.
Les cantons suisses ne jouissent pas non plus du droit de
représentation isolée : Constit. Suisse, 29 mai 1877. —
Quant aux États dont se compose le nouvel empire d'Allemagne, ils ont conservé jusqu'ici le droit d'entretenir des
légations à l'étranger pour les affaires qui ne sont pas de
la compétence du pouvoir central. Pour les affaires qui
rentrent dans les attributions du pouvoir central, l'empereur d'Allemagne nomme et envoie des agents diplomatiques auprès des autres États : Pradier-Fodéré, t. 3,
n. 1242; Calvo, t, 3, n. 1322.

12. — Peut aussi envoyer des ministres publics en pays
étrangers, l'usurpateur d'une souveraineté avec lequel on
veut entretenir ou continuer des relations diplomatiques :
Merlin, Rép., v° Min. publ., sect. 2, § 6; Heffter n. 200;
— le souverain détrôné dont la restauration est regardée
comme possible, pourvu que les relations établies avec
l'usurpateur ne s'y opposent pas : Merlin, Rép., v° Min.
publ., sect. 2, § 7; Heffter, *loc. cit.* — Il en est autrement
du souverain qui a abdiqué la couronne : Merlin, Rép.,
v° Min. publ., sect. 2, § 8.

13. — Les États non souverains n'ont pas en principe
le droit d'envoyer des ministres publics; il en est ainsi des
vice-royautés, régences, principautés, territoires soumis
à l'autorité d'un gouverneur : Heffter, n. 200; Pradier-
Fodéré, t. 3 n, 1243. — Comp. : Vattel, Droit des gens,
liv. IV, ch 5, § 61; G. F. de Martens, liv. VII, ch. 1,
§ 187; Klüber, Dr. des gens moderne de l'Europe, § 175,
p. 253 et 255, note E; Bluntschli, § 200, qui leur reconnaissent exceptionnellement un droit d'ambassade. —
Peuvent cependant leur octroyer ce droit, les États souverains dont ils relèvent : Heffter, *loc. cit.*

14. — Le droit de légation passif est soumis aux mêmes règles que le droit de légation actif : Heffter, n. 200. — Si un État souverain, comme il en a le droit, envoie auprès d'un État non souverain un représentant, celui-ci ne sera pas considéré comme un agent diplomatique et ne pourra prétendre aux privilèges et immunités qui sont les attributs des ministres publics : Calvo, t. 3, n. 1324.

15. — En droit, aucun État n'est tenu d'envoyer ou de recevoir des ministres publics. C'est ce qui fait dire que le droit de légation est un droit imparfait: Calvo, t. 3, n. 1321 ; Pradier-Fodéré, t. 3, n. 1239. — Toutefois, dit M. Calvo, l'usage et les règles de la courtoisie internationale ont établi à cet égard entre les peuples une sorte de devoir réciproque, et de même que l'existence de rapports diplomatiques entretenus par des agents en résidence permanente est un signe évident de paix et d'amitié, de même on peut regarder comme un indice de désaccord ou d'hostilité le rappel ou l'absence absolue de légation politique (*loc. cit.*).

16. — Spécialement, un État peut légitimement refuser de recevoir tel agent diplomatique en se basant : 1° sur son caractère personnel. Ainsi, refus de recevoir un envoyé qui a des sentiments notoirement hostiles au gouvernement auprès duquel il doit être accrédité : — 2° sur la nature de ses pouvoirs, quand ils sont, par exemple, incompatibles avec l'état des lois et de la constitution du pays. Ainsi des pouvoirs donnés à des légats pontificaux, quand ils sont en contradiction avec la législation de l'État auprès duquel ils sont envoyés ; — 3° sur l'étendue de ses pouvoirs ; — 4° sur sa nationalité; ainsi des États refusent de recevoir comme représentants diplomatiques d'une puissance étrangère un de leurs nationaux : Heffter, n. 200, Calvo, t. 3, n. 1324 et 1325 ; Pradier-Fodéré, t. 3, n. 1254.

17. — Un décret des 23-27 novembre 1792 refusait de recevoir des émigrés comme agents diplomatiques en France : « La Convention nationale, y était-il dit, décrète que le pouvoir exécutif sera chargé de notifier aux puissances étrangères que la République ne reconnaîtra comme ministre public aucun émigré, fût-il naturalisé chez la puissance qui l'enverrait, et qu'elle ne souffrira aucun émigré, sous quelque titre que ce puisse être, à la suite d'un ministre public ».

18. — Mais un État qui refuse sans motifs de recevoir un ministre public étranger, s'expose à la rétorsion : Heffter, Pradier-Fodéré, *loc. cit.* — Si l'on craint un refus de la part du gouvernement auquel on veut envoyer un agent, on prend ordinairement la précaution de le faire sonder sur le choix qu'on a fait, parfois on lui propose plusieurs individus pour lui en laisser le choix. — La France, l'Espagne, le Portugal, sont même dans l'usage de désigner les personnes qu'elles veulent recevoir du pape en qualité de nonces : Ch. de Martens, t. 1, p. 31 ; Calvo, t. 3, n. 1324 ; Pradier-Fodéré, t. 3, n. 1303.

19. — L'état de guerre ne peut dispenser les gouvernements du devoir de recevoir les ministres publics des autres États, à moins de raisons particulières et bien fondées. Quant aux ministres des États neutres qui voudraient aller chez l'ennemi, Vattel pense, et tous les autres enseignent d'après lui, qu'il y a des occasions où l'on peut refuser le passage : Vattel, t. 3, liv. 4, ch. 5, § 67 ; Merlin, Rép. v° Min. publ., sect. 2, § 3 ; Pradier-Fodéré, t. 3, n. 1255.

Chap. III. — De l'exercice du droit d'Ambassade ou de Légation.

20. — Dans chaque État, l'autorité à laquelle appartient l'exercice du droit d'ambassade est déterminée par la loi. — En général, ce droit est réservé au chef de l'État. Ainsi, dans les monarchies, il appartient au souverain, au régent, en cas de régence. Dans les républiques, l'exercice du droit d'accréditer des agents diplomatiques repose, ou sur le magistrat chef de l'État, ou sur un Sénat ou un Conseil, conjointement avec ce magistrat ou sans

lui : Calvo, t. 3, n. 1323 ; Pradier-Fodéré, t. 3, n. 1244.
— Parfois le souverain délègue ce droit aux vice-rois ou
aux gouverneurs des colonies, lorsque le grand éloigne-
ment des possessions coloniales est un obstacle à l'exercice
de ce droit : Calvo, *loc. cit.*

21. — En France, c'est le président de la République
qui nomme et envoie auprès des Cours étrangères les ministres publics. C'est en son nom qu'ils y sont accrédités.
C'est aussi auprès du président de la République que sont
accrédités les agents diplomatiques des puissances étrangères. (Loi const. 25 fév. 1875, art. 3). — Comp. : Const.
3 sept. 1791, t. 3, ch. 4, art. 2; Const. 24 juin 1793,
art. 69; Const. 5 fruct. an III, art, 329; Const. 22 frim.
an VIII, art. 41 ; Const. 4 nov. 1848, art. 60 et 64; Const.
14 janv. 1852, art. 6 ; Const. 21 mai 1870, art. 14.

Chap. IV. — Conditions générales de nomination des agents diplomatiques.

22. — En principe, le choix d'un agent diplomatique
dépend exclusivement de la volonté de celui qui l'envoie.
— Il n'y a aucune condition d'âge pour remplir une mission diplomatique. Merlin remarque qu'il est à la fois pru-
dent et convenable de ne pas abandonner la représentation
et par conséquent la dignité d'un souverain à la fougue de
la jeunesse. On ne commande point aux passions par les
instructions même les plus précises. Si, dans certains
hommes, la sagesse devance l'âge, c'est une exception à
la règle (Répertoire, v₀ Min. publ., sect. 2, n. 2).

23. — Le sexe aussi est indifférent et les femmes ne
sont point exclues des fonctions diplomatiques. On a vu,
en effet, la maréchale de Guébriant, ambassadrice de
France auprès de la Cour de Pologne. On cite comme
ayant eu à remplir des missions plus ou moins accidentelles : Louise de Savoie, Marguerite d'Autriche, la com-
tesse de Flesselles, la duchesse de Chevreuse, la duchesse
d'Orléans, Lady Wortley Montagne : Merlin, Répert.,
v° Min. publ., sect. 3, n. 3; Ch. de Martens, Guide, t. 1,

§ 9, n. 2 ; F. de Martens, n. 4 ; Calvo, t. 3, n. 1342 ; Heffter, n, 209 ; Pradier-Fodéré, t. 3, n. 1302 ; Pasquale Fiore,
les agents diplomatiq., n. 33 et s. — Comp. : Dalloz,
v° Ag. diplomatiq., n. 30 ; Esperson, Dr. diplomatiq.,
n. 31, p. 28 ; Pradier-Fodéré, *loc, cit.*, et Cours de dr.
diplomatiq., t. 1, p. 343 et s.

24. — Peu importe encore la naissance. Un ministre
public peut être noble ou bourgeois, exercer même un
métier. — Un souverain aurait, toutefois, droit de s'offenser, si une puissance lui envoyait un ministre qui exer-
cerait actuellement une profession peu honorable. — Il
faut aussi éviter de heurter les préjugés des Cours et de
donner lieu au ridicule ou au mépris, afin de ne pas compro-
mettre la dignité du ministre public : Merlin, Répert.,
v° Min. publ., sect. 3. § 1 ; Heffter, n. 209 ; F. de Martens,
n. 5, t. 2, p. 42 ; Calvo, t. 3, n. 1342 ; Pradier-Fodéré,
t. 3, n. 1301.

25. — Il faut en dire autant de la religion de l'agent
diplomatique qui en droit ne fait pas obstacle au choix du
ministre, quoique en pratique ce soit une règle dictée par
les convenances de ne s'envoyer entre États protestants
que des ministres protestants, entre États catholiques que
des ministres catholiques. Le pape envoie toujours des
ecclésiastiques : Heffter, *loc. cit.* ; Calvo, *loc. cit.* ; Pradier-
Fodéré, t. 3. n. 1300.

26. — Le choix du ministre public par le chef de l'État,
quant au rang ou à la classe des agents diplomatiques,
est également libre. Cependant, il est généralement reconnu que, d'après le principe de la réciprocité, les puissances ne s'envoient que des ministres du même ordre ;
les puissances de second et de troisième ordre consultent
à cet égard l'état de leurs ressources matérielles ; aucune
puissance jouissant des honneurs royaux ne reçoit chez
elle, en qualité de ministres de première classe, les agents
diplomatiques d'une puissance qui ne jouirait pas des
mêmes honneurs : Heffter, n. 209 ; Pradier-Fodéré, t. 3,
n. 1271.

27. — Il n'est pas indispensable que le ministre public

soit sujet du souverain qui l'emploie. A la vérité, dit
Merlin (Répert., v° Min. publ., sect. 3, n. 5), l'état et les
fonctions du ministre public exigent naturellement qu'il
ne dépende que de son maître, c'est-à-dire du prince dont
il fait les affaires. Mais c'est assez qu'il soit indépendant
dans les choses qui appartiennent directement à son ministère : il peut, à tous autres égards, être sujet d'une
autre puissance.

28. — La France pourrait confier à un étranger le soin
de la représenter auprès d'autres nations. Aucune disposition de la loi ne s'y opppose. Mais on conçoit qu'il n'y
ait lieu d'user de cette faculté que bien rarement ; à
moins de circonstances exceptionnelles, il est préférable
de confier des missions toutes françaises à des agents français : Ern. Lehr, Manuel des ag. diplomatiq., Extrait du
répert. génér. et alphab. du dr. franç. de Fuzier-Hermann,
n. 91 ; V. Pradier-Fodéré, t. 3, n. 1298, p. 135; Journal
du Palais, Répert. génér., v° Agent diplomatiq., n. 62.

29. — Un Français ne peut accepter d'être ministre
public d'une puissance étrangère sans une autorisation
préalable du gouvernement français. Le décret du
26 août 1811, dit, dans son art. 17 : « Aucun Français ne
pourra entrer au service d'une puissance étrangère sans
autorisation spéciale, et sous condition de revenir, si
nous le rappelons, soit par une disposition générale, soit
par un ordre direct ». — « Le Français autorisé, ainsi qu'il
est dit en l'art. 17 du décret, ne pourra servir comme
ministre plénipotentiaire dans aucun traité où nos intérêts pourraient être débattus » (art. 20). — « L'autorisation de passer au service d'une puissance étrangère leur
sera accordée par des lettres patentes dans les forme
prescrites à l'art. 2 » (art. 19). » — Cet art. 2 dit que :
« les lettres patentes seront dressées par notre grand
juge, signées de notre main, contresignées par notre ministre secrétaire d'État, visées par notre cousin le prince
archichancelier, insérées au Bulletin des Lois et enregistrées en la Cour impériale du dernier domicile de celui
qu'elles concernent ».

30. — Un Français, autorisé par son gouvernement, pourra accepter d'une puissance étrangère un poste diplomatique auprès d'une autre puissance étrangère : De Folleville, Natural., n. 449. — Le Français, qui aurait accepté un poste diplomatique en pays étranger sans l'autorisation de son gouvernement perdrait, par application de l'art. 17 C. civ., la qualité de Français : Weiss, Dr. intern. pr., p. 192, — et, en vertu du décret du 26 août 1811, serait censé naturalisé étranger sans autorisation du gouvernement. Il sera, par conséquent, dit l'art. 25, traité conformément aux dispositions du titre II du présent décret. Le décret de 1811, dans son titre II, art. 6 à 13, prononce des déchéances et des peines contre le Français naturalisé étranger sans autorisation. C'est la confiscation des biens, la privation du droit de succéder, la privation des titres et décorations, l'interdiction du territoire national. La première de ces déchéances, la confiscation des biens, ayant été abolie par la charte de 1814, n'est plus encourue : Demolombe, t. 1, n. 188, p. 241 ; Weis, p. 183. — Les autres déchéances et peines sont encourues : Demante, t. 1, p. 100, et Rev. étr. et franç., t. 8, p. 443 ; Aubry et Rau, t. 1, p. 239 ; Demolombe, t. 1, n. 188, p. 241 ; Weis, dr. intr. pr., p. 184. — Pau 19 mars 1834 (D. 34. 2. 232 ; D. A. t. 18, v° Dr. civ., n. 528). — *Contrà* : Valette sur Proudhon, t. 1, p. 187 ; Wheaton et Lawrence, t. 3, p. 241. — Comp. Paris 1er fév. 1836 (S. 36. 2. 173 ; D. A. t. 18, v° Dr. civ., n. 529).

31. — Un agent diplomatique peut être sujet de la puissance auprès de laquelle il est accrédité : Merlin, Répert., v° Min. publ., sect. 3, n. 5 ; Wicquefort, liv. I, sect. 2 ; Bynkershoeck, ch. 2 ; Bluntschli, règle 166 ; Pradier-Fodéré, t. 3, n. 1298. — Mais le gouvernement auprès duquel l'agent diplomatique est envoyé peut refuser de le recevoir comme tel : Bluntschli, *loc. cit.* ; Ern. Lehr, *op. cit.*, n. 92. — Plusieurs puissances s'y refusent absolument, notamment l'Angleterre, les États-Unis, la Suède : Calvo, t. 3, n. 1325. — Il en est de même en Autriche. Le Bund allemand de Francfort n'admettait aucun citoyen de Francfort à représenter les souverains alllemands, excepté pour la ville elle-même.

32. — Jadis la France refusait de recevoir un de ses sujets comme représentant d'une puissance étrangère : Callières, Tr. de la man. de négocier avec les souver., ch. 6 ; Bynkershoeck, ch. 2 ; Merlin, Répert., v° Min. publ. sect, 3, n. 5 ; Bluntschli, Dr. intern. codif., règle 166 en note. — Cette règle avait reçu des dérogations à diverses époques, sous les rois de France. Louis XVI, dans les dernières années de son règne, l'a mise en vigueur d'une façon absolue : Merlin *loc. cit.* — Le décret du 26 août 1811, dans son art. 24, reproduit cette prohibition : « Les Français au service d'une puissance étrangère ne pourront jamais être accrédités comme ambassadeurs, ministres ou envoyés auprès de notre personne... » — Cette prohibition n'est pas rigoureusement observée en pratique, ce qui fait dire à certains auteurs que la disposition de l'art. 24 est tombée en désuétude : Weiss, p. 193 ; Pradier-Fodéré, t. 3, n. 1298, p. 133.

33 — L'art. 24 du décret de 1811 ne s'applique qu'au Français qui a obtenu un poste diplomatique en France de la part d'une puissance étrangère, avec l'autorisation du gouvernement français, c'est-à-dire en conservant sa qualité de Français : Pradier-Fodéré, t. 3, n. 1298, p. 133. Il ne s'applique pas au Français qui n'a pas obtenu cette autorisation et qui a perdu par ce fait la qualité de Français. — Des auteurs ont dit cependant que l'admission, par le gouvernement français, comme agent diplomatique d'une puissance étrangère, d'un Français qui n'avait pas obtenu une autorisation équivaudrait à l'autorisation d'accepter des fonctions conférées par un gouvernement étranger : Pradier-Fodéré, t. 3, n. 1298, p. 134 ; Vincent et Penaud, Dict. dr. int. pr., v° Ag. diplom., n. 5 ; Ern. Lehr, Répert., Fuzier-Hermann, v° Ag. diplom., n. 89. — Il semble que cette autorisation tacite ne soit pas suffisante. Le décret de 1811 exige une autorisation toute spéciale, telle qu'elle est réglée par l'art. 2. —

P. Leroy (Des Consulats, p. 74) dit que la prohibition de
l'art. 24 n'est pas absolue. Cette opinion se heurte contre
les termes formels du décret : « Les Français... ne pourront jamais être accrédités. »

34. — Un Français pourrait toutefois être choisi, avec
ou sans autorisation du gouvernement, dans des négociations spéciales étrangères à la France, pour être l'agent
diplomatique d'une nation étrangère auprès d'une autre
nation étrangère, sans qu'il pût en résulter pour lui perte
de sa qualité : Ern. Lehr, Répert., Fuzier-Hermann,
v° Ag. diplom., n. 90 ; Journ. du Palais, Répert. génér.,
v° Ag. diplom., n. 61.

35. — Tout État est libre d'accréditer le nombre de
ministres publics qu'il veut, soit pour une même affaire ou
une même mission, soit pour une affaire ou une mission différente. — Ces ministres publics peuventêtre de
même classe ou de classes différentes. — La pratique
générale suivie de nos jours, surtout pour les missions, permanentes, est l'unité de ministre. — Il n'y a
d'exception que pour les congrès ou conférences internationales. Généralement les grandes puissances se font
représenter dans les congrès et conférences par leur ministre des affaires étrangères, comme premier plénipotentiaire, et lui adjoignent comme second plénipotentiaire l'agent diplomatique accrédité à la Cour où le congrès ou la conférence se tient. — Dans les ambassades,
dit Wicquefort, qui sont composées de plusieurs ministres, tous les ambassadeurs, en quelque nombre qu'ils
soient, sont inséparables et ne font ensemble qu'un seul
corps, où le représentant est comme l'âme dans le corps
humain ; entière partout, et entière en chaque membre,
« tota in toto, tota in quâlibet parte » ; et l'ambassadeur
qui a des collègues ne peut pas négocier seul, ni avoir
des conférences particulières sans eux. De son côté, Merlin
ajoute que les membres qui composent une même ambassade conviennent toujours de s'écarter de cette règle,
afin de pouvoir, en recevant des communications confidentielles, préparer les négociations, chacun par ses

propres moyens. La confiance ne saurait être égale pour tous ; et on l'étoufferait, en voulant toujours traiter en commun : Bynkershoeck, ch. 6, § 12 ; Wicquefort, liv. I, sect. 26 ; Merlin, Répert., vᵒ Min. publ., sect. 2, § 2, n. 2 ; Heffter, n. 209 ; Neuman, n. 55 ; F. de Martens, t. 2, p. 44 ; Calvo, t. 3, n. 1341 ; Pradier-Fodéré, Traité, t. 3, n. 1272. — L'usage a prévalu, pour l'étude de questions spéciales et techniques, de faire choix d'attachés ou de conseillers placés sous les ordres des chefs de mission, quoique autorisés à entretenir une correspondance directe avec leur gouvernement. Ainsi l'Autriche, la France, la Grande-Bretagne, l'Italie, l'Allemagne et la Russie entretiennent des attachés militaires auprès des grandes Cours du continent européen. L'Allemagne a, en outre, plusieurs attachés techniques : Calvo, t. 3, n. 1341.

36. — Un seul ministre public peut se trouver accrédité par un même gouvernement auprès de plusieurs Cours à la fois. — Réciproquement rien ne s'oppose à ce qu'un agent représente à la fois plus d'un gouvernement auprès de la même Cour : Merlin, *op. cit.*, sect. 2, § 2, n. 3 ; de Martens, Guide, § 8 ; G. F, de Martens, t. 2, p. 75-77 ; Heffter, n. 209 ; Calvo, t. 3, n, 1341 ; Neumann, n. 55.

Chap. V. — Des différentes classes d'agents diplomatiques.

37. — Il résulte du règlement général dressé et adopté au congrès de Vienne le 19 mars 1815 et de la résolution signée au congrès d'Aix-la-Chapelle, le 21 novembre 1818 (de Martens, Rec. supplém. 8. 648), que les agents diplomatiques sont classés en quatre catégories qui comprennent : la première, les ambassadeurs, les légats, les nonces du pape ; la deuxième, les envoyés, ministres ou autres, accrédités auprès des souverains ; la troisième, les ministres résidents ; la quatrième, les chargés d'affaires accrédités auprès du ministre chargé du portefeuille des affaires étrangères.

38. — Le règlement du congrès de Vienne ne distinguait que trois catégories ou classes : les première, deuxième et quatrième. Ce règlement fut signé par huit puissances : l'Autriche, l'Espagne, la France, la Grande-Bretagne, le Portugal, la Prusse, la Russie et la Suède. La résolution du congrès d'Aix-la-Chapelle créa la troisième catégorie pour les ministres résidents. Elle ne fut signée que par cinq puissances, l'Autriche, la France, la Grande-Bretagne, la Prusse et la Russie. L'Espagne, le Portugal et la Suède n'ont pas signé cette résolution.

39. — Les dispositions du règlement de Vienne et du protocole d'Aix-la-Chapelle n'existent que pour les États qui ont été parties à ces deux congrès, et pour ceux qui les ont adoptées depuis ; elles forment aujourd'hui une règle à peu près universellement admise : Pradier-Fodéré, Cours dr. diplom., t. 1, p. 262 ; Traité dr. intern. publ., t. 3, n. 1277. — Un État n'est, d'ailleurs, pas obligé d'avoir des ministres de toutes les classes ; chaque gouvernement est maître d'établir chez lui les distinctions qu'il veut dans son service des affaires étrangères ; le règlement de Vienne et le protocole d'Aix-la-Chapelle n'empêchent pas chaque État de fixer chez lui la hiérarchie du corps diplomatique selon qu'il le juge à propos : Pradier-Fodéré, *loc. cit.* ; Klüber, n. 179 in fine.

40. — Les distinctions entre les ministres public n'ont pas d'autre origine que le sentiment de fierté des Cours et des ministres eux-mêmes, le besoin d'écarter les difficultés du cérémonial, et l'intérêt de se soustraire à des dépenses plus ou moins considérables : Vattel, liv. IV, ch. 6, n. 69 ; Pradier-Fodéré, Traité, t. 3, n. 1277, p, 96, — Le droit international rationnel ne saurait admettre de distinction entre les agents diplomatiques accrédités par une puissance ; il les considère tous comme également chargés des intérêts de l'État qu'ils représentent quant aux affaires dont la gestion leur est confiée, et c'est de cette qualité qu'il fait dépendre les différents droits qu'il leur attribue. C'est le droit international positif qui seul a introduit plusieurs classes ou ordres de ministres publics,

que l'on distingue par la diversité du cérémonial qui leur
est dû : Heffter, n. 208 ; Pradier-Fodéré, *loc. cit.*

41. — A. Première classe. — Les ambassadeurs se
distinguent en ordinaires et en extraordinaires. La première dénomination s'applique à ceux qui sont nommés
pour remplir une mission diplomatique permanente. La
seconde à ceux qui sont chargés d'une mission acciden-
telle et temporaire. On accorde aussi le caractère d'ambassadeur ou d'envoyé extraordinaire à l'agent appelé
pour un temps indéterminé à exercer certaines fonctions
diplomatiques, c'est une qualification exclusivement honorifique, supérieure à celle d'ambassadeur ordinaire :
Vattel, liv. IV, chap. 6, § 71 ; Calvo, t. 3, n. 1328 ; Pradier-Fodéré, t. 3, n. 1278.

42. — Les légats du pape sont ses ambassadeurs
extraordinaires, chargés de missions spéciales, plutôt
ecclésiastiques que politiques, et représentant avant tout
le pape comme chef de l'Église catholique romaine :
Calvo, t. 3, n. 1329, p. 186. — Les légats sont toujours
pris parmi les cardinaux : Heffter, n. 208, note 2, — et
ne sont envoyés que dans les pays catholiques qui reconnaissent la suprématie du pape : Calvo, n. 1329, 1331,
p. 187. — Il y a des légats « a latere » et « de latere »,
mais il n'y a aucune distinction a faire entre eux : Heffter,
loc. cit. — Des légats dits « missi », qui ne sont pas des
cardinaux, des légats « nati », qui sont des archevêques
au siège desquels est attachée la qualité de légat : Calvo,
t. 3, n. 1320, p. 187 ; Pradier-Fodéré, Traité, t. 3 n. 1279.
— Tel est l'archevêque de Reims.

43. — Les nonces du Pape sont des ambassadeurs ordinaires ou résidents du Vatican, qu'ils représentent à
l'étranger par la transaction de toute affaire de quelque
nature qu'elle soit. Leur mission est permanente. Ils ne
sont jamais pris parmi des cardinaux : Calvo, t. 3, n. 1330 ;
— et lorsqu'ils sont nommés cardinaux, ils cessent leurs
fonctions et sont remplacés.

44. — Depuis la disparition des États de l'Église, les
légats ou nonces ont entièrement perdu le caractère d'en-

voyés, au sens strict, puisqu'ils ne sont plus les représentants d'un État. Si on leur octroie encore néanmoins les privilèges des envoyés, cela tient au respect d'un usage anciennement établi et à la haute dignité historique comme aussi à l'influence ecclésiastique de la papauté sur les rapports de l'Église romaine avec les États souverains, rapports qui sont analogues aux rapports internationaux : Bluntschli, règle 172, note 2.

45. — B. Deuxième classe. — Les envoyés sont ordinaires ou extraordinaires suivant la nature ou la durée de leur mission. Les ministres plénipotentiaires ont cette qualification, soit par suite de l'étendue de leurs pouvoirs, soit simplement comme un titre : Klüber, n. 177. — Les internonces du Pape sont les ministres de deuxième classe du Vatican. Le titre d'internonce était aussi donné depuis Léopold Ier (1678), au ministre d'Autriche à Constantinople.

46. — Pratiquement il n'y a à faire aucune différence entre les envoyés ordinaires, extraordinaires et les ministres plénipotentiaires : Calvo, t. 3, n. 1331.

47. — Suivant certains auteurs, les agents de la seconde classe représenteraient l'État et non pas la dignité personnelle de leur souverain : Vattel, liv. IV, chap. 6, § 72; Bluntschli, règle 173.

48. — Les agents des deux premières classes sont exactement sur la même ligne au point de vue du caractère de leur mission, comme à celui des attributions, et ne se distinguent entre eux hiérarchiquement que par la différence du titre qui sert à les désigner : Calvo, t. 3, n. 1331.

49. — Les ambassadeurs, légats ou nonces ont seuls le caractère représentatif : Protocole congrès de Vienne 19 mars 1815, art. 2. — Ch. de Martens, Guide; Bluntschli, règle 172. — Mais ce caractère n'a aucune conséquence pratique en dehors de la question des préséances, car les ambassadeurs aussi bien que les autres agents diplomatiques traitent avec le ministre des affaires étrangères dans les pays constitutionnels. Ce caractère ne se concevrait pas, au reste, dans un État républicain : F. de Martens ; Schuyler ; Calvo, t. 3, n. 1334 ; Neuman, n. 54, p. 240 ; Pradier-Fodéré, t. 3, n. 1266. — Aussi les auteurs récents disent-ils que tous les agents diplomatiques, même les chargés d'affaires représentent l'État et que les ambassadeurs ont seulement ce caractère représentatif au plus haut degré : Esperson, n. 65, p. 48 ; Neumann, n. 54, p. 240 ; Pradier-Fodéré, t. 3, n. 1266.

50. — C. Troisième classe. — Elle comprend les ministres résidents : le terme de résident ne se rapportait autrefois qu'à la continuité du séjour du ministre ; et l'on voit dans l'histoire des ambassadeurs désignés par le titre seul de résidents. Mais depuis que l'usage des différents ordres de ministres s'est généralement établi, le nom de résident est demeuré à des ministres de troisième ordre, au caractère desquels on attache, par un usage généralement reçu, un moindre degré de considération : Vattel, liv. IV, ch. 6, § 73. — On range aussi dans cette classe les ministres chargés d'affaires.

51. — D. Quatrième classe. — Des chargés d'affaires sont acccrédités non pas auprès du chef du pouvoir, mais auprès du ministre des affaires étrangères. — Sont pareillement appelés chargés d'affaires et accrédités auprès du ministre des affaires étrangères, les personnes qui remplissent les fonctions du chef de la mission, par intérim, pendant son absence : Calvo, t. 3, n. 1336. — Quant au rang de ces derniers, il est déterminé par leur titre.

52. — Dans la même catégorie que les chargés d'affaires, doivent rentrer les consuls chargés d'une mission diplomatique particulière.

53. — Les chargés d'affaires ne diffèrent pas substantiellement des ambassadeurs, envoyés et résidents ; ce sont des agents diplomatiques ; ils représentent leur pays ; ils jouissent de garanties égales à celles dont jouissent les ministres publics des trois autres classes. Il n'y a entre eux et les ambassadeurs d'autres distinctions que celles relatives à certaines prérogatives honorifiques et d'étiquette : Pradier-Fodéré, t. 3, n. 1285.

54. — En dehors des quatre classes d'agents déjà indiquées, les États s'envoient des commissaires et autres mandataires pour certaines affaires déterminées. Ainsi on distingue : 1° les commissaires plénipotentiaires, désignés pour prendre part aux travaux d'une commission internationale et munis de pouvoirs qui leur permettent de contracter des accords, des arrangements, au nom de leur gouvernement ; 2° les commissaires délégués pour certaines affaires particulières, telles qu'une délimitation de frontières, l'arrangement d'un différend litigieux, l'exécution d'un article d'un traité ou d'une convention ; 3° les agents officieux non revêtus d'un caractère public, chargés de missions confidentielles auprès des chefs d'États ou des ministres des affaires étrangères et accrédités par lettres particulières du chef de l'État ou du ministre qui les envoie ; 4° les simples commissaires qui ne sont munis que de pouvoirs nécessaires pour discuter dans le sein d'une commission sans pouvoir arrêter et signer des arrangements ou accords quelconques ; 5° les simples agents chargés d'affaires particulières, telles que la négociation d'un emprunt, ou l'administration et la surveillance des domaines privés du souverain, situés en pays étranger, etc. ; 6° les agents secrets, accrédités auprès des gouvernements pour se procurer secrètement certains renseignements, faire une communication ou en recevoir une ; 7° les agents secrets qui pénètrent dans un pays à l'insu de son gouvernement et peuvent même être punis à l'occasion. — Il ne faut pas confondre aussi avec les agents diplomatiques les députés qu'une province ou une ville délègue en temps de guerre à un prince étranger ou à ses chefs d'armée. — Ces différents agents ne sont pas des ministres publics : Calvo, t. 3, n. 1337 ; Pradier-Fodéré, t. 3, n. 1296. — Quant au bénéfice des immunités, Calvo, *loc cit.*, le leur refuse à tous, tandis que Heffter, n. 222 ; Pradier-Fodéré, t. 3, n. 1296, l'accordent aux quatre premières espèces d'agents. — Enfin, il n'y a pas entre ces différents groupes d'agents de questions de préséances a moins qu'ils ne portent un titre les faisant rentrer dans une des quatre classes d'agents diplomatiques.

Chap. VI. — De la suite des agents diplomatiques.

55. — A. SUITE OFFICIELLE. — Tout ministre public a, pour le seconder dans sa tâche, une suite dite officielle. — Le nombre des personnes qui la composent est en rapport avec l'importance de la mission. — Elle est déterminée par une réglementation intérieure de chaque État, qui organise aussi les grades et la hiérarchie : Calvo, t. 3, n. 1348 ; Pradier-Fodéré, t. 3, n. 1473. — V. en France : Décr. 18 août 1856 ; 1er déc. 1869 ; 18 sept. 1880 ; 10 juill. 1880 ; 31 mars 1882.

— V. en France : Décr. 18 août 1856 ; 1er déc. 1869 ; 18 sept. 1880 ; 10 juill. 1880; 31 mars 1882.

56. — Les gouvernements ont incontestablement le droit de s'opposer à une augmentation exagérée du personnel des missions diplomatiques : Heffter, n. 221.

57. — On distingue communément dans une mission diplomatique, outre le chef : 1° les conseillers ; 2° les secrétaires ; 3° les attachés (élèves) ; 4° les attachés militaires; 5° les interprètes ou drogmans; 6° les chanceliers ; 7° les déchiffreurs ; 8° les courriers ; 9° les aumôniers ; 10° les médecins : Heffter, n. 221, Neuman, n. 56. p. 243; Calvo, t. 3, n. 1348 ; Pradier-Fodéré, t. 3, n. 1474. — Dans les missions d'apparat, on remarque aussi des pages.

58. — Les conseillers, les secrétaires, sont de légation ou d'ambassade quand ils appartiennent à une mission dont le chef est un ambassadeur. — Les secrétaires de la suite d'un légat ou d'un nonce du pape, sont dits auditeurs de nonciature, et internonces quand ils remplacent provisoirement le chef de la mission. — Les conseillers et les secrétaires sont présentés par le chef de la mission au souverain, dans l'audience de réception pour la remise des lettres de créance.

59. — Quand le chef d'une mission s'absente provisoirement, il est remplacé par intérim par le secrétaire qui

prend le nom de chargé d'affaires et est accrédité auprès
du ministre des affaires étrangères. — Les attributions des
conseillers, des secrétaires et des attachés varient d'après
les règlements intérieurs de chaque pays. — Le plus ordinairement elles consistent à seconder en tout le ministre
sous les ordres duquel ils se trouvent placés, à rediger et
à expédier les notes et les dépêches officielles, à s'acquitter
de missions verbales auprès des administrations publiques
du pays où ils résident, ou auprès des autres représentants
étrangers ; à classer et à surveiller les archives de la
mission ; à chiffrer et à déchiffrer les dépêches; à minuter
les notes et les lettres que le ministre peut avoir à écrire
sur des réclamations ou des affaires particulières ; enfin,
en l'absence de chancellerie régulièrement organisée, à
dresser les protocoles et les procès-verbaux, à recevoir et
à légaliser les actes de l'état civil, les certificats de vie et
les autres pièces intéressant leurs nationaux, à délivrer et
à viser les passeports, etc. : Ch. de Martens, Guide
diplom., t. 1, ch. 5, p. 23, 78 ; de Garden, Tr. de diplom.,
t. 2, p. 20 et s.; Calvo, t. 3, n. 1349 ; Pradier-Fodéré, t.
3, n. 1475.

60. — Les attachés-élèves sont des jeunes gens qui
font le noviciat de la carrière diplomatique auprès du
ministre public. Leur poste est purement honorifique la
plupart du temps : Pradier-Fodéré, t. 3, n. 1479. — Les
attachés militaires sont des officiers de l'armée de l'État
que représente le ministre public, adjoints à la légation
dans le but de surveiller les armements et les perfectionne-
ments réalisés dans les armées du pays près duquel ils
sont envoyés : Pradier Fodéré, t, 3, n. 1480.

61. — Les chanceliers sont des fonctionnaires, ou plutôt des agents d'un ordre secondaire, dont la compétence
tient à la fois de celle du notaire, de l'huissier et du gref-
fier, placés près des chefs de missions diplomatiques pour
les assister dans leurs fonctions : Pradier-Fodéré, t. 3,
n. 1481.

62. — Les interprètes et les drogmans ne sont guère
en usage que dans les légations établies auprès de la Porte

ottomane et des gouvernements asiatiques ou africains, et dans les légations de ces gouvernements auprès des Cours européennes : Pradier-Fodéré, t 3, n. 1483.

63. — B. SUITE NON OFFICIELLE. — La femme, les enfants, leur instituteur, les secrétaires, aumôniers et médecins particuliers du ministre public, ainsi que les officiers de son hôtel et les domestiques de sa maison (maîtres d'hôtel, majordomes, valets de chambre, portiers, sommeliers, cuisiniers, etc. ; laquais, cochers, postillons, palefreniers, etc.) forment sa suite non officicielle : Neumann, n. 56, p. 245 ; Pradier-Fodéré, t. 3, n. 1484.

Chap. VII. — De l'organisation intérieure de la carrière diplomatique.

64. — L'organisation diplomatique intérieure, spécialement ce que l'on appelle la carrière diplomatique, est réglementée en France, par des décrets, de la façon suivante.

SECT. I. — RECRUTEMENT DES AGENTS DIPLOMATIQUES

65. — A. ADMISSION DANS LA CARRIÈRE DIPLOMATIQUE. — En vertu du décret du 10 juillet 1880 (Sirey, année 1880, 630) modifié par un autre décret du 27 avril 1883 et tout récemment par un décret du 23 août 1888 (J. O., 25 août 1888), l'admission dans la carrière diplomatique est subordonnée à un concours dont les épreuves portent : 1° Sur l'organisation constitutionnelle, judiciaire, administrative et financière de la France et des pays étrangers ; 2° sur les principes généraux du droit international public et privé ; 3° sur les premiers éléments du droit civil, du droit commercial et du droit maritime ; 4° sur l'histoire des traités depuis 1648 sur la géographie politique et commerciale ; 5° sur la statistique commerciale, agricole et industrielle ; 6° sur les éléments de l'économie politique ; 7° sur la langue anglaise et la langue allemande (art. 14, Décr. 10 juill. 1880).

66. — Un concours est ouvert chaque année au mois de janvier (art. 1). Le ministre indique, au mois de novembre précédent, par arrêté, le nombre des places à pourvoir et la date des épreuves (art. 4).

67. — Nul ne peut se faire inscrire en vue du concours :
1° S'il n'est Français jouissant de ses droits ; 2° s'il a, au
premier janvier de l'année du concours, moins de vingt-
et-un ans et plus de trente ans ; 3° s'il n'a rempli ses
obligations militaires ; 4° s'il ne produit soit un diplôme de
licencié en droit, ès-sciences ou ès-lettres, soit un diplôme
de l'Ecole des Chartes, soit un certificat attestant qu'il a
satisfait aux examens de sortie de l'Ecole normale supérieure, de l'Ecole polytechnique, de l'Ecole nationale des
mines, de l'Ecole nationale des ponts-et-chaussées, de
l'Ecole centrale des arts et manufactures, de l'Ecole
forestière, de l'Ecole spéciale militaire ou de l'Ecole
navale, soit un brevet d'officier dans l'armée active de
terre ou de mer, soit, à la condition d'être bachelier ès-
lettres ou ès-sciences, un diplôme de l'école des sciences
politiques, de l'école des hautes études commerciales,
d'une école supérieure de commerce agréée par le gouvernement ou de l'institut national agronomique; 5° s'il
s'est déjà présenté trois fois (art. 8, modifié par décret
du 23 août 1888).

68. — La liste des candidats admis à concourir est
dressée et arrêtée définitivement par le ministre cinq
jours au moins avant l'ouverture du concours ; elle est
déposée à la direction du personnel, où toute personne
peut en prendre communication (art. 10, Décr. 10 juil. 1880).

69. — Nul ne peut se présenter au concours plus de
trois fois. Les jeunes gens reçus à ce concours optent,
selon leur rang et avec l'agrément du ministre, pour la
carrière diplomatique ou la carrière consulaire ; mais ils
ne sont, en aucun cas, tenus d'accepter un poste à l'étranger avant la fin de leur surnumérariat, qui est de trois
années. A l'issue de ce stage, qu'ils accomplissent soit à
la direction des affaires politiques et au contentieux du
droit public, soit à la direction des affaires commerciales
et au contentieux du droit privé, suivant qu'ils se destinent
à la diplomatie ou aux consulats, ils subissent un examen
de classement et sont nommés, selon leur rang, soit à l'intérieur, attachés payés dans leurs directions respectives,

soit à l'extérieur, secrétaires d'ambassade de troisième classe ou consuls suppléants (art. 2, Décr. 10 juill. 1880).

70. — Les attachés optant pour la carrière diplomatique passent, pendant la durée de leur stage triennal, une année à la direction des affaires commerciales et consulaires (Arr. min. 25 janv. 1886). — Le ministre des affaires étrangères peut autoriser un certain nombre de jeunes gens qui se préparent au concours à participer temporairement aux travaux de l'administration centrale et des ambassades, légations et consulats, sans que cette décision modifie à leur égard les conditions de leur admission définitive dans les carrières diplomatiques et consulaires (art. 3, Décr. 10 juill. 1880.)

71. — Toute demande d'emploi dans l'administration centrale ou dans les services extérieurs du ministre des affaires étrangères, doit être formulée par écrit et accompagnée des documents et renseignements suivants : 1° Acte de naissance du candidat ; 2° certificat constatant sa situation au point de vue du service militaire ; 3° pièce indiquant dans quel établissément il a fait ses études ; 4° diplômes ou brevet d'écoles spéciales ; 5° indication des langues que parle le candidat ; 6° indication du stage qu'il aurait fait dans une administration publique ou privée, chez un officier ministériel ou dans le commerce ; 7° renseignements sur la position de sa famille ; 8° références et recommandations (art. 11, Arr. min. 27 fév. 1880.) — V. au surplus sur le recrutement des agents diplomatiques : Ord. 25 avril 1830 (Duverger, collect., t. 30, p. 34) ; note 1er mars 1880 et arr. 27 fév, 1880. — Spécialement sur l'organisation des secrétaires d'ambassade ou de légation ; Ord 1er mars 1833 (Sirey, L. ann.); Décr. 18 août 1856 (Sirey, L. ann. 1856, p. 144) ; Décr. 21 fév. 1880 (Sirey, L. ann. 1882, p. 381) ; — sur celle des attachés: Ord. 1er mars 1833, précitée.

72. — B. CHANCELIERS, COMMIS DE CHANCELLERIE, ÉLÈVES-CHANCELIERS. — Les chanceliers se recrutent surtout parmi les commis de chancellerie offrant les garanties désirables d'honorabilité, d'expérience et de capacité, Français de

naissance ou naturalisés (Circ. min. 4 nov. 1861.) — Afin
de faciliter ce recrutement, les chefs de poste sont tenus
d'adresser chaque année au département, en janvier, un
état indiquant, indépendamment des noms et prénoms des
personnes attachées au service de leur chancellerie, leur
âge, l'époque et l'origine de leur nomination, la nature de
leur emploi, le degré de leur instruction et spécialement
les langues étrangères qu'elles possèdent, les titres particuliers qui les recommandent, etc. (Ibid.)

73. — D'après le décret du 24 juin 1886, qui organise
le corps des commis de chancellerie, nul ne peut être
nommé chancelier de troisième classe : 1° S'il n'a pas vingt-
cinq ans accomplis ; 2° s'il ne justifie de la connaissance
de la langue du pays où il est appelé à remplir ses fonctions, sauf dans les postes auxquels sont attachés des drogmans ou interprètes ; 3° s'il n'est pourvu de l'un des
diplômes ou certificats exigés des élèves-chanceliers
(diplôme de bachelier, certificat constatant qu'il a satisfait
aux examens de sortie de l'une des écoles du Gouvernement ou qu'il a été officier dans l'armée active de terre ou
de mer, diplôme de l'Ecole des sciences politiques, de
l'Ecole des hautes études commerciales, d'une Ecole supérieure de commerce agréée par le Gouvernement ou de
l'Institut national agronomique); 4° s'il n'a, en outre, accom-
pli à l'administration centrale du ministère des affaires
étrangères ou dans une chancellerie, dans une étude de
notaire ou d'avoué, ou dans une maison de banque ou de
commerce (en qualité de clerc ou d'employé rétribué) un
stage de trois ans, dûment constaté (art. 4, D. 24 juin 1886).

74. — Les commis de chancellerie, bien que formant la
pépinière des chanceliers, n'avaient pas été compris dans
l'organisation du personnel extérieur du ministère des
affaires étrangères. On a reconnu qu'il était nécessaire,
aussi bien dans leur intérêt que dans celui du service, de
déterminer leur situation d'une manière plus complète et
plus précise, tout en relevant, autant que possible, le
niveau de leur instruction et de leurs aptitudes. Un décret
du 24 juin 1886 y pourvoit en créant un cadre de

cinquante élèves-chanceliers ; les candidats doivent être Français, jouissant de leurs droits, avoir rempli leurs obligations militaires, avoir plus de vingt-et-un ans et moins de trente ans accomplis, et justifier soit de certains diplômes universitaires ou délivrés par les grandes écoles, soit de la qualité d'officier dans l'armée active (V. ann. diplom. 1887, 264). — Comme le chiffre de cinquante élèves, proportionné aux vacances qui se produisent annuellement dans le corps des chanceliers, est beaucoup trop faible pour assurer le service des chancelleries, il est indispensable de conserver, en outre, suivant les besoins du service, un certain nombre de commis de chancellerie proprement dits ou commis expéditionnaires ; mais, n'ayant pas de titres universitaires ou autres équivalents, ces commis ne pourront jamais devenir chanceliers : Ern. Lehr, Manuel des agents diplomat. (Extr. du Rép. génér. alph. du dr. français, n. 153 bis.) — V. au surplus les textes suivants : Ord. 20 août 1833 ; Décr. 14 août 1880 (Sirey, L. ann. 1882, p. 381.)

75. — C. Drogmans et interprètes. — Jusqu'en 1882, nul ne pouvait être nommé drogman ou interprète de troisième classe s'il n'avait été au moins trois ans attaché, en qualité de drogman adjoint ou d'interprète adjoint, à un poste diplomatique ou consulaire (art. 6, Décr. 18 sept. 1880.) — Un décret du 31 mars 1882 a supprimé les drogmans et interprètes adjoints et appliqué les conditions requises précédemment pour leur nomination aux drogmans et interprètes de troisième classe ; en conséquence ceux-ci se recrutent aujourd'hui directement : 1° parmi les élèves drogmans et les élèves interprètes diplômés, c'est-à-dire parmi les anciens « Jeunes de langues » munis du diplôme de bachelier ès-lettres et qui auront suivi avec succès les cours de l'Ecole spéciale des langues orientales vivantes ; 2° parmi les autres élèves, français et diplômés, de ladite école ; 3° parmi les drogmans auxiliaires jouissant de la qualité de Français, ayant, après trois ans de stage, subi devant une commission spéciale un examen d'aptitude dont le programme est fixé par un arrêté ministériel du 19 juin 1882 (art. 2, 3, Décr. 31 mars 1882 ; art. 7 Décr. 18 sept. 1880.) — Les fonctions de drogman auxiliaire et d'interprète auxiliaire doivent, autant que possible, être confiées à des Français ayant satisfait à la loi militaire. (art. 9, Décr. 18 sept. 1880.)

76. — L'examen comporte : 1° une traduction orale : 2° un thème au tableau ; 3° la connaissance de l'histoire générale et de la géographie des pays d'Orient et d'Extrême-Orient (Arr. 19 juin 1882.) — Un délégué du ministère des affaires étrangères est chargé de la surveillance des études des « Jeunes de langues », ainsi que des élèves drogmans et interprètes (art. 13.) — V. au surplus : Ord. 3 mai 1781 ; art. 32, 33, Ord. 20 août 1833 ; 26 avril 1845 ; Décr. 8 mars 1865 : Décr. 18 sept. 1880 (Sirey, L. ann. 1881, p. 131); Décr. 9 mars 1883 (Sirey, L. ann. 1883, p. 460.)

Sect. II. — Nomination des agents diplomatiques.

77. — Sont nommés par décret du Président de la République, sur la proposition du ministre des affaires étrangères, les ambassadeurs, les directeurs au ministère des affaires étrangères, les ministres plénipotentiaires, les chargés d'affaires, les secrétaires d'ambassade, les drogmans, les interprètes, les chanceliers (art. 1, Décr. 18 sept. 1800.)

78. — Sont nommés par arrêtés ministériels tous les autres agents et fonctionnaires du département des affaires étrangères, sauf ceux dont la désignation appartient, en vertu des règlements en vigueur, aux chefs des postes diplomatiques (art. 2.)

79. — Les avancements de classe ont lieu par décrets pour les ministres plénipotentiaires et les secrétaires d'ambassade, et par arrêtés ministériels pour tous les autres agents (art. 3.) — Les changements de poste ne sont désormais effectués par décrets qu'en ce qui concerne les ambassadeurs, ministres plénipotentiaires, chargés d'affaires (art. 4.)

Sect. III. — Cadres du personnel diplomatique.

80. — On est porté sur les cadres du personnel par suite d'une nomination en due forme à l'un des postes du service extérieur prévus par le budget. La sortie des cadres a lieu : par l'expiration du délai de la disponibilité stipulé au § 1 de l'art. 3, Décr. 24 avril 1880, sans que l'agent ait été rappelé à l'activité ; par la démission régulièrement acceptée (art. 6, Décr. 24 avril 1880) ; par l'admission à la retraite ; par la révocation (Décr. 25 mars 1882.)

81. — La révocation des agents en activité, en disponibilité ou en retrait d'emploi, est prononcée par décret ou par arrêté, selon le grade. Elle doit être précédée d'un avis motivé du comité des services extérieurs et administratifs. (V. Décr. 20 avril 1880), qui entend les explications des intéressés, s'ils en font la demande. La sortie des cadres, à l'expiration du délai de disponibilité, est de droit, sans avertissement préalable à l'agent (Décr. 11 mars 1881 ; 8 fév. et 25 mars 1882.)

82. — Les cadres de l'activité du personnel diplomatique comprennent : neuf ambassadeurs ; douze ministres plénipotentiaires de première classe ; quinze ministres plénipotentiaires de seconde classe : huit conseillers d'ambassade ; douze secrétaires d'ambassade de première classe ; dix-huit secrétaires d'ambassade de seconde classe ; trente-six secrétaires d'ambassade de troisième classe (art. 1, Décr. 31 mars 1882, Sirey, L. ann. 1882, 381.) — V. au surplus : Ord. 16 déc. 1832 (Sirey, L. ann. à sa date) ; Ord. 1er mars 1833 (ibid) ; Décr. 18 août 1856, Sirey, L. ann. 1856, p. 144) ; Décr. 21 fév. 1880 (Sirey, L, ann. 188, p. 381.)

83. — Sont inscrits hors cadres, sur le tableau des agents diplomatiques de leur grade, les ambassadeurs et les ministres plénipotentiaires de première et de deuxième classe, qui sont chargés de la direction d'un service au ministère des affaires étrangères (Décr. 1er déc. 1882) ; sur les listes des conseillers d'ambassade, des secrétaires de première classe, de seconde et de troisième classe, les sous-directeurs, rédacteurs, commis principaux, attachés payés aux directions des affaires politiques et du contentieux politique. Il en est de même pour les sous-directeurs, chefs de bureau, rédacteurs, commis principaux et attachés payés des autres services qui auraient subi l'épreuve du concours ou appartenu à la carrière diplomatique, mais seulement à dater du jour où ils remplissent les conditions de stage prévues par les règlements (art. 3, Décr. 31 mars 1882, précité.) — V. au surplus : Arr. 3 flor. an VIII.

84. — Aucun agent ou fonctionnaire du département des affaires étrangères, jusqu'au grade de ministre plénipotentiaire de première classe, ne peut être l'objet d'un avancement de grade ou de classe s'il ne compte au moins trois ans de services dans son grade ou dans sa classe (art. 5). Peuvent, néanmoins, être nommés ministres plénipotentiaires de deuxième classe, sans passer par le grade de conseiller d'ambassade, les secrétaires de première classe qui ont six années de grade, dont trois années au moins à l'étranger (art. 6). A titre de mesure transitoire, les agents en possession du grade de secrétaire de première classe ou de consul général, à la date du décret de 1882, ont pu également être nommés ministres plénipotentiaires de deuxième classe, sans condition de stage dans leur grade actuel ou dans le grade de conseiller d'ambassade, à supposer qu'il leur eût été conféré (art. 7).

85. — Indépendamment des fonctionnaires rétribués dont il a été question jusqu'à présent, les cadres du personnel diplomatique comprennent des attachés, qui font un surnumérariat soit dans un poste diplomatique, soit dans les bureaux du ministère. (V. Décr. 10 juill. 1880; arr. 25 janv. 1886, précités.) — V. aussi : art. 2, Arr. 3 flor. an VIII.) — Le nombre des attachés diplomatiques est de trente-six (Décr. 18 août 1856), mais dix d'entre eux font partie de missions consulaires.

86. — Deux décrets du 1er décembre 1869 et du 21 décembre 1877 subdivisent les titulaires des chancelleries diplomatiques et consulaires en trois classes attachées à la personne de l'agent. Le nombre des chanceliers est limité à vingt-cinq pour la première classe, à quarante pour la deuxième, et demeure, pour la troisième, subordonné aux besoins du service : De Clercq et de Vallat, Guide pratique des consulats, t. 1, p. 63. — Nul chancelier ne peut être promu à une classe supérieure qu'après trois ans au moins de services dans la classe précédente (art. 2, Décr. 1er déc. 1869.)

87. — Les cadres du personnel du drogmanat (langues arabe, turque et persane), et de l'interprétariat (langues chinoise, japonaise, siamoise et slave) comprennent : 1° six drogmans et deux interprètes de première classe ; 2° douze drogmans et quatre interprètes de seconde classe. (Décr. 18 sept. 1880 ; 9 mars 1833.) Les drogmans et interprètes investis d'un grade consulaire sont compris dans le cadre des agents de ce grade. (Art. 1, Décr. 31 mars 1882.)

88. — Nul drogman ou interprète ne peut être promu à une classe supérieure qu'après trois années au moins d'exercice dans la classe précédente. (Art. 5, Décr. 18 sept. 1880.)

Sect. IV. — Répartition du personnel.

89. — La répartition du personnel diplomatique entre les ambassades et légations a été fixée par un décret du 1er avril 1882 ; mais le cadre normal de chacune d'elles peut être temporairement modifié par un arrêté ministériel selon les besoins du service. (Art. 1 et 2, Décr. 1er avril 1882.)

90. — Pour tout ce qui est relatif aux traitements d'activité, de disponibilité, aux pensions de retraite des agents diplomatiques, nous renvoyons purement et simplement aux dispositions législatives suivantes : Traitements d'activité, Règlem. 1er oct. 1867 ; Décr. 2 fév. 1882 ; Décr. 17 juill. 1882 (Sirey, L. ann. 1883, 447), auquel il faut joindre celui du 25 janv. 1887 ; art. 3, Décr. 2 janv. 1884. (Sirey, L. ann. 1884, 545.) — Traitements de disponibilité : Décr. 21 déc. 1808 ; Ord. 22 mai 1833 (Sirey, L. ann. 1831-1848, p. 173) ; Décr. 27 fév. 1877 ; Décr. 24 avril, 1880 ; Décr. 8 fév. 1882 ; D. 1er avril 1882 (Sirey, L. ann.

1882, 382) ; Décr. 2 janv. 1884, précité. — Pensions de retraite : L. 9 juin 1853 et Décr. 9 nov. 1853 : Décr. 18 août 1856 (Sirey. L, ann. 1856, n. 3) ; Règl. 1er oct. 1867, précité.

SECT. V. — INSAISISSABILITÉ DU TRAITEMENT DES AGENTS DIPLOMATIQUES.

91. — Les sommes que reçoivent les agents diplomatiques employés à l'extérieur étant, à proprement parler, moins un traitement qu'une indemnité pour subvenir aux frais indispensables de représentation qu'exige le rang qu'ils occupent, sont insaisissables : Avis Cons. d'Et. 25 nov. 1810. — Le principe consacré par cet avis s'applique également, dans la pratique, pour la période de séjour à l'étranger, en activité de service, aux agents de la carrière consulaire revêtus d'un caractère diplomatique, par exemple, aux consuls généraux chargés d'affaires : De Clercq et de Vallat, Form., t. 2 , p. 58, note.

92. — Le ministre peut, par arrêté, suspendre le traitement de disponibilité d'un agent diplomatique : art. 3, Décr. 24 avril 1880. — Bien que ce traitement ait été accordé, pour un temps déterminé, sous l'empire des règlements antérieurs à ce décret : Cons. d'Et. 16 déc. 1881 (S. 83. 3. 40), — le traitement de disponibilité peut pareillement et de la même manière être supprimé (même décret). — La suspension et la suppression du traitement de disponibilité ne peuvent être prononcées qu'après avis motivé du comité des services extérieurs et administratifs (art. 2, Décr. 8 fév. 1882).

93. — Pour tout ce qui est relatif à leurs frais d'établissement, de service, de voyage, V. Frais d'établissement : Décr. 9 avril 1870 ; 1er juin 1872 ; 20 sept. 1873 (Sirey. L. ann. 1882, 380) ; Décr. 17 juill. 1882 et 2 janv. 1884, précités. — Frais de service : Règl. 1er oct. 1867 (sect. 3, ch. 7, art. 145 et s.) ; Décr, 14 août, 1880 (Sirey, L. ann. 82. 381) et les circulaires des 16 avril 1862, 18 nov. 1880, 29 mars 1883. Frais de voyage : Décr. 26 avril 1882

(Sirey, L. ann. 1883, 487). — V. au surplus : Ern. Lehr., Manuel des agents dipl. et consul., n. 201 et s., Extrait du Répert. génér. et Alph. du dr. fr.

Ch. VIII. — Caractère des agents diplomatiques.

94. — Par rapport à l'Etat qui les nomme et les envoie ce sont des fonctionnaires publics et des mandataires. Le premier caractère est permanent, le second transitoire. — Par rapport aux Etats auprès desquels ils sont accrédités, les ministres publics ne sont que des étrangers comme tous autres, mais il est d'usage de leur accorder, par courtoisie, certaines immunités à leur passage par le pays. Par rapport à l'Etat qui le reçoit et auprès duquel il est accrédité, le ministre public n'est que le représentant de la nation qui l'envoie ; et, suivant certains auteurs, l'ambassadeur est de plus le représentant de son souverain : Heffter, n. 202, 210 ; Pradier-Fodéré, t. 3, n. 1265 et s.

95. — Il se peut qu'un ministre public soit le sujet du souverain auprès duquel il est accrédité ; son caractère devient mixte, mais sa qualité de sujet est suspendue pendant la durée de la mission, du moins dans toutes les circonstances où elle serait incompatible avec l'exercice des fonctions diplomatiques : Heffter, n. 202.

Chap. IX. — De l'envoi des agents diplomatiques.

96. A. Des lettres de créance. — La nomination, le caractère du ministre public, son rang, la nature et le but de sa mission sont déterminés et connus officiellement du souverain auprès duquel il est envoyé par la lettre de créance qui lui est remise par le ministre public dans l'audience de réception. La lettre de créance est signée par le chef de l'Etat qui envoie le ministre. Dans cette lettre le souverain est prié d'ajouter foi à ce que l'agent diplomatique dira au nom et de la part de son gouvernement : Vattel, l. IV, ch. VI, n. 76 ; Merlin, Rép., v° Min. publ., sect. 1 § 1, n. 9 ; Ch. de Martens, t. 1, § 18 ; Heffter, n. 210 ; Calvo, t. 3, n. 1343 ; Pradier-Fodéré, t. 3, n. 1317.

97. — La forme de la lettre de créance est arbitraire. Tout dépend de l'usage des pays et des cabinets, du rang des souverains, de leurs rapports politiques, de la qualité de l'agent. La lettre de créance est quelquefois expédiée sous forme de lettre de chancellerie, mais le plus souvent sous la forme d'une lettre de cabinet ; c'est le plus généralement la forme des lettres de cabinet qui est donnée à la lettre de créance des envoyés et des résidents : Calvo, *loc. cit.*; Pradier-Fodéré, t. 3, n. 1317.

98. — Les chargés d'affaires, étant accrédités seulement par le ministre des affaires étrangères auprès du gouvernement du pays où ils sont envoyés, sont porteurs de lettres pour le ministre des affaires étrangères de ce pays, signées de la main du ministre des relations extérieures dont ils relèvent. Cette lettre est une véritable lettre de créance : Ch. de Marténs, *loc. cit.*; Calvo, *loc. cit.* Pradier-Fodéré, t. 3, n. 1318. — Comp. : Heffter, *loc. cit.*, qui commet une confusion et une erreur à ce sujet.

99. — Les légats et nonces du pape sont porteurs de bulles qui leur servent à la fois de lettres de créance et de pouvoirs généraux. Comme ces bulles ou diplômes peuvent n'être pas toujours en harmonie avec les lois de l'Etat et celles de l'Eglise gallicane, ils ont été constamment soumis en France à un rigoureux examen. Tant que la vérification n'a pas eu lieu, les légats ne sont admis ni à rendre leurs hommages au chef de l'Etat, ni à exercer aucune de leurs fonctions. De plus, la pratique est qu'il peut être exigé que les pouvoirs des légats ou nonces soient nettement définis et réduits à des limites raisonnables : Ch. de Marténs, *loc. cit.*; Henrion de Pansey, Autor. judic., t. 2, p. 99 ; Heffter, n. 200 ; Pradier-Fodéré, t. 3, n. 1319.

100. — Outre l'original de la lettre de créance, il est d'usage de donner aux ministres publics des trois premières classes une copie textuelle, en forme authentique de cette lettre pour la remettre au ministre des affaires étrangères en demandant l'audience de présentation au chef de l'Etat : Ch. de Marténs, *loc. cit.*; Biefeld, Inst. polit., t. 2, p. 296 ; Pradier-Fodéré, t. 3, n. 1321.

101. — Indépendamment de la lettre de créance pour le sultan, les ministres publics envoyés en Turquie sont habituellement munis de deux autres lettres : l'une pour le grand-vizir, l'autre pour le reiss-effendi, ou chef du département des affaires étrangères. La première est remise au grand-vizir, dans une audience solennelle qui précède celle accordée par le sultan ; la seconde est transmise au reiss-effendi par un des secrétaires ou des drogmans de la mission. La lettre pour le grand-vizir n'est pas ordinairement écrite par le chef de l'Etat, ni même signée par lui, mais par le ministre des affaires étrangères, ainsi que l'est toujours celle au reiss-effendi : Ch. de Martens, Guide dipl., t. 1, n. 18, note 1 ; Pradier-Fodéré, t. 3, n. 1320.

102. — Une même lettre de créance peut suffire pour deux ou plusieurs ministres envoyés par le même gouvernement, s'ils sont tous du même rang et s'ils sont chargés de la même mission. Un même ministre peut être muni de plusieurs lettres de créance : 1° quand il est accrédité auprès de plusieurs gouvernements ; 2° quand il est accrédité auprès d'un même gouvernement sous des qualités ou caractères différents ; 3° quand il est chargé de plusieurs missions : Ch. de Martens, *loc. cit.*; Calvo, t. 3, n. 1343; Pradier-Fodéré, t. 3, n. 1332.

103. — A. RENOUVELLEMENT DES LETTRES DE CRÉANCE. — Il a lieu : 1° à la mort ou à l'abdication du souverain qui a envoyé le ministre public, exception faite du chef de l'Etat d'une République ; 2° à l'abdication forcée du chef de l'Etat ; 3° à la mort ou à l'abdication volontaire ou forcée du souverain auprès duquel le ministre est accrédité, exception faite de celle du chef d'Etat d'une République et de celle du pape ; 4° au changement de classe définitif ou temporaire du ministre public. Le changement de ministre des affaires étrangères ne donne jamais lieu au renouvellement des lettres de créance : Ch. de Martens, *loc. cit.*; Heffter, n. 210 in-fine ; Pradier-Fodéré, t. 3, n. 1323-1330.

104. — B. DU PLEIN POUVOIR. — L'objet direct et essentiel de la lettre de créance n'est que de constater le caractère de celui qui les présente ; le pouvoir qu'elle renferme étant vague, n'autorise point à traiter d'affaires ; et le ministre public qui se le permettrait en vertu de ces seules lettres s'exposerait à être désavoué : Merlin, Répert., vº Min. publ. sect. 2, § 1, n. 9. — C'est pourquoi tout agent diplomatique, chargé surtout d'une mission spéciale, est porteur d'un plein pouvoir, rédigé par écrit, indiquant l'objet et les limites de son mandat et qui lui est indispensable pour conclure et signer des traités. Il forme la base unique de la validité des actes passés par lui.

105. — La forme du plein pouvoir ou des pleins pouvoirs indifféremment, est tout à fait arbitraire. Les pleins pouvoirs sont donnés par lettres patentes ou par lettres cachetées, celles-ci sous forme de lettres de conseil ou de chancellerie, ou lettres de cabinet. Ils sont généraux ou spéciaux, limités ou illimités. Il y a de plus ce qu'on appelle le « mandatum » ou « actus ad omnes populos », pouvoir de traiter avec toutes les puissances.

106. — Les ministres publics en mission générale et permanente ne portent généralement pas de pleins pouvoirs. Les agents diplomatiques envoyés dans un congrès portent au contraire des pleins pouvoirs et pas de lettres de créance : Heffter, n. 210 ; Calvo, t. 3, n. 1344 ; Pradier-Fodéré, t. 5, n. 1313-1315. — Un agent diplomatique peut être muni de plusieurs pleins pouvoirs dans les mêmes cas où il pourrait être muni de plusieurs lettres de créance. — V. sur la question de savoir si les pleins pouvoirs suffisent pour engager définitivement un Etat ou si la ratification du chef de l'Etat est nécessaire, l'opinion des auteurs et la discussion dans Pradier-Fodéré, t. 3, n. 1315.

107. — C. DES INSTRUCTIONS. — Tout agent diplomatique reçoit de son gouvernement, indépendamment des pleins pouvoirs, des instructions soit à son départ, soit au cours de sa mission. Ces instructions lui dictent sa conduite, lui font connaître les intentions de son gouvernement, servent à imprimer une direction aux négociations. Les instructions sont générales, spéciales, verbales, secrètes, ostensibles, principales, accessoires, accidentelles, suivant les circonstances.

108. — Le ministre qui les reçoit peut en donner connaissance aux personnes avec qui il traite, s'il le juge à propos et s'il en a l'autorisation de son gouvernement. Il n'est pourtant pas tenu de le faire. Les instructions peuvent limiter les pleins pouvoirs qu'il a reçus, mais si elles sont destinées à rester secrètes, elles demeurent personnelles au ministre et les engagements qu'il a pris et qui excèdent les limites qu'elles tracent n'en sont pas moins valables. En principe, le ministre public doit s'attacher rigoureusement aux instructions qu'il a reçues ; exceptionnellement, dans des cas graves, on reconnaît qu'il peut s'en écarter : Heffter, *loc. cit.*; Calvo, t. 3, n. 1345 ; Pradier-Fodéré, t. 3, n. 1307-1311.

109. — DES LETTRES DE RECOMMANDATION. — Le ministre peut être muni de lettres de recommandations pour les membres de la famille du souverain, pour des fonctionnaires publics influents, des membres du gouvernement, etc.

110. — E. DU CHIFFRE. — Le ministre public doit porter avec lui le chiffre pour la correspondance avec son gouvernement (la double clef : chiffre chiffrant et chiffre déchiffrant) et le chiffre banal pour sa correspondance avec les autres agents diplomatiques de son pays accrédités à l'étranger : Heffter, n. 318 ; Pradier-Fodéré, t. 3, n. 1312.

111. — F. PASSEPORTS. — SAUF-CONDUITS. — Enfin, les ministres publics peuvent être munis, savoir : en temps de paix, de passeports délivrés par leur gouvernement, visés par le représentant du pays où ils se rendent ; en temps de guerre, de sauf-conduits délivrés par le gouvernement ennemi.

Chap. X. — De la réception des agents diplomatiques.

112. — La réception du ministre public par la Cour près de laquelle il est envoyé, forme un premier point très important du cérémonial diplomatique. Il n'existe aucun mode uniforme en matière de cérémonial, l'usage suivi dans chaque Cour sert de guide et est la seule règle à suivre en cette matière. La variété dans ces réceptions dépend seulement de la différence du rang des ministres, des clauses des traités.

113. — En France, sous la Convention, deux lois avaient réglé la réception des agents diplomatiques. Elles étaient ainsi conçues (L. 6 fruct. an II) : « La Convention nationale décrète qu'à l'avenir les envoyés introduits auprès de la représentation du peuple français, ne seront entendus qu'après la lecture et l'acceptation des lettres de créance. ». — (L. 4 flor. an III) : « A la réception des envoyés des puissances étrangères dans le sein de la représentation nationale, ceux qui seront revêtus du caractère d'ambassadeur seront assis dans un fauteuil vis-à-vis du président. Ils parlent assis (art. 1) » — « Il sera placé pour leur cortège des banquettes à droite et à gauche (art. 2) ». — « La disposition de l'article précédent est commune à tous les envoyés des puissances étrangères revêtus du caractère de ministres plénipotentiaires (art. 3) » — « Le président, dans sa réponse à l'ambassadeur ou autre envoyé, leur donnera les mêmes titres qui lui seront attribués par ses lettres de créances (art. 4) ».

114. — Le ministre public peut prétendre à être reçu avec les égards dus au rang du souverain qu'il représente et au rang personnel qu'il occupe lui-même dans la hiérarchie diplomatique : Heffter, n. 218 ; Calvo, t. 3, n. 1352. — Dans les cours où les agents diplomatiques sont tenus de se prêter à des formalités incompatibles avec le respect d'eux-mêmes et avec la dignité du souverain qu'ils représentent, ces agents ont le droit et le devoir de s'y refuser : Bluntschli, règle 189 ; Pradier-Fodéré, t. 3, n. 1338, p. 91.

115. — Les ministres de la première et de la seconde classe ont droit à être admis à l'audience solennelle du chef de l'Etat, lors de leur arrivée et de leur départ. Les ministres résidents ne sont pas toujours admis en audience solennelle. Les chargés d'affaires ne sont admis qu'à des audiences privées : Pradier-Fodéré, t. 3, n. 1337.

116. — L'arrivée de tout agent diplomatique dans le lieu de sa résidence doit être officiellement annoncée au gouvernement étranger. L'arrivée d'un ambassadeur est annoncée par une notification faite au ministre des affaires étrangères par un secrétaire d'ambassade qui remet en même temps une copie de la lettre de créance et demande le jour et l'heure de la réception officielle par le chef de l'Etat : Pradier-Fodéré, t. 3, n. 1338.

117. — Pour un ministre de seconde classe, la même procédure peut être suivie. Ordinairement, c'est le ministre lui-même qui en fait la notification par écrit et qui fait la demande d'audience. Il en est de même des ministres de troisième classe. Quant aux chargés d'affaires (ministres de quatrième classe), comme ils sont accrédités auprès du ministre des affaires étrangères, c'est à celui-ci qu'ils demandent une audience en même temps qu'ils lui font leur notification pour la remise de leurs lettres de créance. Une présentation au chef de l'Etat a lieu ensuite : Pradier-Fodéré, t. 3, n. 1341.

118. — Tout agent diplomatique, lors de son arrivée et après la notification qui en est faite au ministre des affaires étrangères, est reçu par le chef de l'Etat en audience solennelle ou privée suivant son rang. V. pour le cérémonial et la réception : Pradier-Fodéré, t. 3, n. 1338 et s. — C'est dans cette audience que le ministe présente ses lettres de créance, à l'exception du chargé d'affaires qui a déjà fait la remise de sa lettre de créance au ministre des affaires étrangères.

119. — Certaines visites dites de cérémonies suivent la présentation des lettres de créance : Visite à la femme du souverain, à l'héritier présomptif du trône, quelquefois aux princes et princesses du sang. Cette partie du cérémonial se fait dans des formes qui varient suivant les pays.

120. — En réponse à la visite du ministre public, ou présentation officielle au chef de l'Etat, le ministre des affaires étrangères se rend au nom de son souverain chez l'ambassadeur, l'envoyé, le ministre résident même. Dans quelques républiques c'est le président lui-même qui rend parfois la visite : Pradier-Fodéré, t. 3, n. 1344.

121. — Le ministre public fait ensuite aux autres agents diplomatiques des visites d'étiquette pour se faire reconnaître officiellement par eux comme collègue. Rien ne peut être exigé à cet égard à titre obligatoire. Si le ministre public est un ambassadeur, il attend que le ministre des affaires étrangères et surtout les membres présents du corps diplomatique lui fassent les premiers la visite d'étiquette. S'il appartient à l'une des trois autres classes il fait lui-même la première visite aux ambassadeurs accrédités auprès de la Cour et, à l'heure qui lui est indiquée, il dépose sa carte chez les autres ministres.

122. — L'ambassadeur rend la visite personnellement et dans l'ordre qu'il l'a reçue aux ambassadeurs, et dépose sa carte chez les autres agents diplomatiques. Les ministres de seconde, de troisième classe, pour rendre leur visite à l'ambassadeur lui demandent le jour et l'heure où ils pourront être reçus ; Heffter, n. 218 ; Calvo, t. 3, n. 1356 ; Neumann, n. 60 ; Pradier-Fodéré, t. 3, n. 1344.

123. — Suivant les usages du lieu, le ministre étranger fait également des visites aux hauts fonctionnaires du gouvernement, aux grands dignitaires, aux ministres politiques, etc. A Constantinople, le ministre public fait une visite au grand-vizir, visite qui précède l'audience au palais.

Chap. XI. — **Des relations des agents diplomatiques avec le gouvernement auprès duquel ils sont accrédités.**

124. — Les agents diplomatiques de toutes classes, dans leurs rapports d'affaires avec le gouvernement auprès duquel ils sont accrédités, ne traitent, en principe, qu'avec le ministre des affaires étrangères : G.-F. de Martens, n. 231 ; Klüber, n. 201 ; Calvo, t. 3, n. 1332 et s. — Ils n'ont aucune relation pour affaires diplomatiques avec le souverain, si ce n'est exceptionnellement. Celui-ci peut, s'il le veut, accorder une audience à l'agent diplomatique. Il est même des Cours où le souverain donne régulièrement, à certains jours, audience aux ministres étrangers et où ils obtiennent en outre des audiences particulières soit publiques, soit privées : Klüber, n. 201 ; Ch. de Martens, Guide, t. 1, n. 184 ; Pradier-Fodéré, t. 3, n. 1355.

125. — On a dit que l'ambassadeur représentant le souverain qui l'a accrédité doit être considéré, en quelque sorte, comme le souverain lui-même, et qu'il doit pouvoir traiter directement avec le souverain auprès duquel il réside. Cette conséquence de la représentation diplomatique est loin d'être admise en théorie et en pratique, et les ambassadeurs aussi bien que les autres agents diplomatiques n'ont de rapports réguliers qu'avec le ministre des affaires étrangères : Discours du prince de Bismarck au Reichstag allemand, le 16 nov. 1871 reproduit par Calvo, t. 3, n. 1332 ; Ch. de Martens, Guide ; F. de Martens ; Fiore ; Schuyler ; Bloch, Dict. polit., t. 1, p. 61, cités par Calvo, *loc. cit.*

126. — Cependant, par suite de son caractère d'agent de la plus haute classe, il est dû à l'ambassadeur dans la pratique des égards tout particuliers. — Un ambassadeur qui demande audience au ministre a le pas sur un agent diplomatique d'une classe inférieure qui en a également demandé une, l'a obtenue avant la demande de l'ambassadeur et se trouve même en audience chez le ministre : Discours du prince de Bismarck, précité.

127. — Les agents diplomatiques peuvent avoir des rapports avec des commissaires, des députés, des envoyés des puissances étrangères dans des congrès. Dans cette occasion, quelquefois, ils négocient par l'intermédiaire d'une tierce-puissance médiatrice ou de ses envoyés : Klüber, n. 200 ; Heffter, n. 239 ; Pradier-Fodéré, t. 3, n. 1356.

128. — Les communications entre gouvernements se font d'ordinaire par écrit au moyen de dépêches, notes, circulaires, que le ministre des affaires étrangères adresse aux agents diplomatiques de son pays près des gouvernements étrangers pour en remettre copie aux ministres des affaires étrangères de ces gouvernements, de la même manière que s'il s'agissait de communications relatives à une négociation : Pradier-Fodéré, t. 3, n. 1362.

129. — En France, un arrêté règle les rapports entre les agents diplomatiques et le gouvernement français. Les étrangers accrédités de quelque manière que ce soit près le gouvernement et ceux qui se trouvent occasionnellement sur le territoire de la République par suite d'opérations politiques auxquelles ils ont pris part, n'ont de rapports directs qu'avec le ministre des relations extérieures (art. 1, arr. 23 mess. an VII). Ils ne communiquent que par son intermédiaire avec les autres ministres (art. 2).

Chap. **XII**. — **Des fonctions des agents diplomatiques**.

Sect. I. — Des négociations.

130. — La principale fonction du ministre public est de négocier avec le gouvernement auprès duquel il est accrédité. Les négociations peuvent avoir pour objet le maintien des rapports légaux, conventionnels, politiques, qui existent entre les Etats, la préparation, la conclusion des traités : Pradier-Fodéré, t. 3, n. 1355. — Il y a des missions qui offrent peu d'occasions à négocier, telles sont les missions de cérémonies, de satisfaction, et plusieurs missions permanentes dans les Etats entre lesquels il y a peu d'affaires à ménager : G.-F. de Martens, n. 230.

131. — Les négociations sont directes ou indirectes. — Les négociations directes sont celles qui ont lieu avec le chef de l'Etat. Elles sont rares. — Les négociations indirectes sont celles qui ont lieu par l'intermédiaire du ministre des affaires étrangères, des commissaires, députés, etc. : Pradier-Fodéré, t. 3, n. 1355-1356. — Les négociations directes ou indirectes, sont orales ou écrites (orales dans des audiences ou conférences ; écrites, par

lettres, mémoires, notes signées, notes dites verbales) :
Klüber, n. 200 ; Heffter, n. 239 ; Pradier-Fodéré, t. 3,
n. 1357. — Dans la règle, aucun gouvernement n'a le droit
d'exiger des formes particulières dans les communications :
Klüber, *loc. cit.*

132. — A. NÉGOCIATIONS ORALES. — Le ministre remet
officiellement un mémoire, une note ou autre pièce qui
renferme par écrit la substance de ce qu'il a proposé de
vive voix, et, dans la règle, ces offices doivent être signés.
Mais cette pratique n'est pas obligatoire pour lui, de même
qu'on ne peut forcer le ministre à signer le protocole de
l'audience qu'on en aurait dressé. — Il en est de même
pour la signature de la copie d'un mémoire dont il a fait
lecture : G.-F. de Martens, n. 231.

133. — B. NÉGOCIATIONS ÉCRITES. — Elles se font par
échange de mémoires ou notes. — Les notes signées sont
considérées quant à leur contenu comme obligatoires. —
Les notes verbales ne sont pas signées de même que les
notes confidentielles ; elles ne contiennent pas d'engagements, mais des avis ou des éclaircissements : G.-F. de
Martens, n. 231 ; Heffter, n. 239.

SECT. II. — DES RAPPORTS DES AGENTS DIPLOMATIQUES AVEC
LEUR PROPRE GOUVERNEMENT.

134. — Les ministres publics ont des rapports réguliers avec leur propre gouvernement par des communications qu'ils font soit verbalement, soit par écrit, ce qui
arrive presque toujours. Elles s'adressent tantôt immédia-
tement au souverain, tantôt au département des affaires
étrangères, au ministre secrétaire d'Etat, ou à d'autres
autorités constituées, ou bien à des membres de la famille
du souverain, à des personnes de la Cour, à des députés
ou des commissaires désignés à cet effet : Klüber, n. 198 ;
Pradier-Fodéré, t. 3, n. 1348 et 1353.

135. — Les plus essentielles et les plus fréquentes de
ces communications sont les rapports que le ministre doit
faire à sa Cour régulièrement, à une époque déterminée,

et en outre par extraordinaire toutes les fois qu'il arrive quelque chose d'urgent : Klüber, *loc. cit.*; Pradier-Fodéré, t. 3, n. 1353. — Ces rapports doivent s'étendre non seulement sur les objets principaux de la négociation, mais aussi sur tous les objets incidents et accessoires qui peuvent présenter un intérêt quelconque et particulièrement sur la situation et les relations tant intérieures qu'extérieures du pays et de la Cour où le ministre réside : Klüber, *loc. cit.*; Pradier-Fodéré, *loc. cit.*

Sect. III. — Du droit de protection des nationaux.

136. — La négociation des affaires d'Etat, et les compliments, soit de félicitations, soit de condoléances, que les souverains se doivent les uns aux autres dans certaines occasions, sont les objets directs des ambassades, et c'est à ces objets que le droit des gens a borné les fonctions de ministres publics. Mais l'usage et quelques lois particulières les ont étendues à d'autres points, : Merlin, Rép., v° Min. publ., sect. 5, § 6, n. 1.

137. — Ils doivent protéger et défendre les nationaux : 1° contre les vexations qui violent le droit international : Merlin, *op. cit.*; — 2° contre les procédés arbitraires et les dénis de justice de la part des autorités locales; 3° contre les injustices manifestes sur le point d'être commises au préjudice d'un national, en violant les formes établies, ou en introduisant des distinctions odieuses; si, par exemple, on voulait lui infliger des peines plus graves que celles infligées aux nationaux du pays; 4° dans les contestations que les nationaux étrangers pourraient avoir pour les affaires privées avec les sujets territoriaux, lorsque des intérêts généraux s'y trouveraient engagés ; 5° contre la violation des dispositions des traités publics ou des conventions en vigueur entre les deux pays; 6° contre l'exercice irrégulier des droits de l'autorité locale : Calvo, t. 3, n. 1362, al. 21 ; Pradier-Fodéré, t. 3, n. 1363.

138. — L'exercice du droit de protection des nationaux ne doit pas avoir pour effet de les soustraire à la juridic-

tion répressive du pays : Pradier-Fodéré, t. 3, n. 1369. —
Il ne doit pas être prématuré et il faut laisser le temps à la
justice du pays de suivre son cours. Ce n'est que lorsque
le national subira un refus de la part des autorités de lui
faire obtenir justice que le rôle protecteur de l'agent diplomatique doit commencer.

139. — L'agent diplomatique ne pourra exercer son
droit de protection que par l'intermédiaire du ministre des
affaires étrangères ; il ne peut s'adresser directement aux
autorités locales ; mais rien ne l'empêche d'assister ses
nationaux lésés qui recourent aux tribunaux du pays,
pour empêcher que les formes ordinaires de la procédure
ne soient violées à leur égard à raison de leur qualité
d'étrangers.

140. — En vertu de conventions internationales, il a été
établi dans l'empire ottoman et dans la vice-royauté
d'Egypte des tribunaux dits mixtes pour la connaissance
des litiges entre indigènes et étrangers. Aux magistrats
chargés de rendre la justice dans ces tribunaux, il est
adjoint des délégués du chef de la mission diplomatique
de la puissance à laquelle appartient la partie en cause.

141. — Il n'y a pas à distinguer, pour l'exercice du
droit de protection, entre les nationaux domiciliés résidant
ou simplement de passage dans le pays, à moins de clauses
expresses insérées dans des traités. — Il faut en dire autant
pour les nationaux devenus tels par la naturalisation.

142. — La protection des agents diplomatiques peut,
par suite de traités, être due à des personnes autres que
des nationaux, sur la demande par exemple de ceux-ci et
à condition que ce soit admis par le gouvernement auprès
duquel l'agent diplomatique est accrédité.

143. — Le droit à la protection nationale dépend-il de
l'immatriculation ? En théorie et suivant la loi française,
MM. Declercq et de Vallat soutiennent la négative, l'immatriculation étant facultative : Guide, t. 1, p. 440, 439.
— V. aussi Pradier-Fodéré, t. 3, n. 1375. — En fait, les
agents diplomatiques de France en Amérique du Sud, du
moins, n'accordent la protection aux Français qu'à la con-

dition qu'ils soient immatriculés : Pradier-Fodéré, *loc. cit.*

144. — Suivant la jurisprudence du Conseil d'Etat français, les faits de négligence imputés aux agents diplomatiques ou consulaires du gouvernement à l'étranger, dans l'accomplissement de leurs devoirs de protection envers les nationaux, et l'insuccès des négociations diplomatiques ouvertes pour obtenir la réparation du préjudice causé à des Français par les agents d'un gouvernement étranger, ne peuvent donner lieu à un recours devant le Conseil d'Etat par la voie contentieuse. — Dès lors la décision ministérielle qui rejette la demande en indemnité formée contre l'Etat, comme responsable du fait de ses agents, n'est pas susceptible d'un tel recours : Cons. d'Et. 26 avril 1855 (S. 55.2.723) — 4 juill. 1862 (Rec. Leb. 1862, p. 531), — 12 janv. 1877 (Ibid. 1877, p. 47), — Trib. civ. Seine 26 juill. 1878 (Droit 21 août 1878).

145. — Les agents diplomatiques légalisent les actes passés dans le pays où ils exercent leurs fonctions, lorsqu'il est besoin d'en faire usage dans le pays ou devant les tribunaux du pays qu'ils représentent : Merlin, Rép., v° Min. publ., sect. 5, § 6, n. 1-2° ; Heffter, n. 216 ; Calvo, t. 3, 1352 ; Neumann, § 58. — Comp. : Pradier-Fodéré, t. 3, n. 1490.

146. — Ils délivrent des certificats aux nationaux. Ainsi les ministres de France doivent délivrer aux créanciers des rentes viagères sur l'Etat, qui demeurent ou se trouvent momentanément dans leur résidence ou à portée de ce lieu, les certificats de vie nécessaires à ceux-ci pour se faire payer par le Trésor public : Merlin, *op. cit.*, 3° ; Neumann, *loc. cit.*

147. — Ils délivrent également des procurations authentiques, ainsi que des passeports et y posent leur visa.

148. — Ils reçoivent les testaments, les donations, les contrats de mariage et généralement tous actes de la compétence des notaires. — Comp. : pour testaments : Ord., marine 1681, tit. I, t. 9, art. 34. « Les testaments reçus par le chancelier dans l'étendue du consulat en présence du consul et de deux témoins et signés d'eux seront réputés solennels. »

149. — Ils font aussi fonction d'officiers de l'état civil en recevant les actes de naissance, de mariage et de décès et en célébrant les mariages.

150. — D'après Merlin, *op. cit.*, 4ᵉ, le ministre public serait compétent, comme le juge de paix en France, pour recevoir une adoption, conformément à l'art. 353 C. civ.

151. — Enfin, on reconnaît à un agent diplomatique le droit de poser des scellés sur des biens appartenant à son national : Heffter, n. 216.

152. — Relativement aux fonctions juridictionnelles de l'agent diplomatique sur les personnes de sa suite ou sur les nationaux en général, V. *infrà*, n. 408 et s.

SECT. IV. — DU DROIT DE SURVEILLANCE SUR LES NATIONAUX.

153. — En dehors de son droit de protection, tout agent diplomatique, chef de mission, exerce sur ses nationaux un droit naturel de surveillance et de contrôle, qui se traduit au besoin par des admonestations adressées à ceux d'entre eux qui, par leur conduite privée, par des intrigues politiques, compromettraient l'intérêt ou l'honneur de leur patrie, ou qui, en troublant la tranquillité du pays où ils se trouvent, s'exposeraient à des mesures répressives qui échappent à l'intervention diplomatique : Ch. de Martens, Guide, § 51 ; Klüber, § 212 ; Calvo, t. 3, n. 1362.

Chap. XIII. — Des préséances et de certaines prérogatives.

154. — Les différentes catégories ou classes d'agents diplomatiques ont été établies principalement pour régler les questions de préséance. Le règlement de Vienne débute ainsi : « Pour prévenir les embarras qui se sont souvent présentés, et qui pourraient naître encore des prétentions de préséance entre les différents agents diplomatiques, les plénipotentiaires des puissances signataires du traité de Paris, sont convenus des articles qui suivent..... » Il a été fait remarquer qu'au point de vue du mandat conféré aux agents de chacune de ces classes il n'y a aucune différence à faire.

155. — Entre agents diplomatiques de même classe le rang de préséance suit l'ordre des dates de la notification au ministre des affaires étrangères de l'arrivée de l'agent diplomatique : « Les employés diplomatiques prendront rang entre eux dans chaque classe, d'après la date de la notification officielle de leur arrivée » (Règlem. Vienne, art. 4, al. 1er). — Dans le cas d'un renouvellement de lettres de créance, on considère toujours la date des anciennes lettres : Pradier-Fodéré, t. 3, n. 1289. — Les gouvernements permettent à leurs agents diplomatiques de prendre rang suivant la date, après les ministres des gouvernements qu'eux-mêmes n'ont pas encore reconnus officiellement : Pradier-Fodéré, t. 3, n. 1287.

156. — Par exception, les légats et les nonces du pape ont le pas sur les ambassadeurs : « Le présent règlement n'apporte aucune innovation relativement aux représentants du pape » (Règlem. Vienne, art. 4, al. 2) : Calvo, t. 3, n. 1361, p. 211 ; Pradier-Fodéré, t. 3, n. 1287. — Mais les internonces n'ont pas le pas sur les agents diplomatiques de leur classe (envoyés, ministres plénipotentiaires) : Calvo, t. 3, n. 1331 en note ; Pradier-Fodéré, t. 3, n. 1288.

157. — La Turquie n'est pas signataire du règlement de Vienne. Une ancienne coutume, confirmée par la capitulation au traité de 1740 (28 mai, modificative de celle de 1604), accordait à l'ambassadeur de France un privilège sur les autres ambassadeurs et qui consistait à lui donner le pas et la préséance sur eux quand il avait à s'entretenir avec les autorités de l'empire. L'art. 17 rappelle en ces termes ce privilège : « Et, en outre que la famille des empereurs de France est en possession des rênes de l'autorité souveraine avant les rois et les princes les plus renommés parmi les nations chrétiennes, comme depuis le temps de nos augustes pères et de nos glorieux ancêtres, elle a conservé, avec notre Sublime-Porte, une amitié plus constante et plus sincère que tous les autres rois, sans que depuis lors il soit rien survenu entre nous de contraire à la foi des traités, et qu'elle a témoigné à cet égard toute la constance et la fermeté possibles, nous voulons que, lorsque les ambassadeurs de France, résidant à notre Porte de Félicité, viendront à notre suprême divan, et qu'ils iront chez nos vizirs et nos très honorés conseillers, ils aient, suivant l'ancienne coutume, le pas et la préséance sur les ambassadeurs d'Espagne et des autres rois » : Aristarchi Bey, Législat. ottom., t. 4, p. 172.

158. — Entre chargés d'affaires, le rang se détermine par la date de la remise de leur lettre officielle. Quant aux chargés d'affaires par intérim, il faut prendre le même point de départ s'ils sont accrédités par lettre officielle du ministre des affaires étrangères. S'ils ne sont accrédités que sur présentation par le chef de la mission qui s'absente, ils passent après les autres chargés d'affaires : Pradier-Fodéré, t. 3, n. 1290.

159. — Entre agents diplomatiques d'un même gouvernement, le rang se détermine par les instructions que le gouvernement lui-même donne à ses agents, ou bien par la classe à laquelle ils appartiennent d'après leurs lettres de créance : Heffter, n. 219 ; Calvo, t. 3, n. 1357 ; Pradier-Fodéré, t. 3, n. 1291.

160. — Les liens de parenté ou d'alliance de famille entre les Cours ne donnent aucun rang à leurs envoyés diplomatiques (Règlem. Vienne, art. 6). — Les envoyés diplomatiques en mission extraordinaire n'ont, à ce titre. aucune supériorité de rang (art. 3).

161. — Il est d'usage, lorsqu'un ministre reçoit ou traite chez lui des ministres du même rang, qu'il leur accorde le pas ou la préséance : Heffter, n. 219 ; Calvo, t. 3, n. 1357-1359 in fine. — Les ambassadeurs seuls se dispensent de l'observation de cette règle, surtout à l'égard des agents d'une classe inférieure : Heffter, *loc. cit.* — Les ministres de seconde classe accordent le pas chez eux aux ministres de la troisième et de la quatrième classe : Pradier-Fodéré, t. 3, n. 1293.

162. — Les ambassadeurs cèdent le pas au ministre des affaires étrangères : Calvo, t. 3, n. 1360. — Ils le conservent dans quelque lieu qu'ils se trouvent sur tous les autres dignitaires et fonctionnaires du pays où ils résident : Calvo, *loc. cit.* — Ces derniers jouissent au contraire par courtoisie de la préséance sur tous les autres membres du corps diplomatique, lorsqu'ils sont dans la maison d'un représentant étranger : Calvo, *loc. cit.*

163. — Aucun prince régnant, aucun chef d'Etat, quelle que soit la forme de son gouvernement, ne cède le pas au représentant d'un autre pays. Il en est de même des fils et frères d'empereurs ou de rois. Il n'existe aucune règle générale sur la préséance entre ambassadeurs et membres des familles régnantes, autres que celles ayant rang impérial ou royal ; mais les ambassadeurs prétendent avoir le pas sur eux : Heffter, n. 220 ; Calvo, *loc. cit.* ; Pradier-Fodéré, t. 3, n. 1294.

164. — Au surplus les rapports de rang entre les ministres publics et des personnes tierces sont ordinairement réglés ou par des traités publics, ou surtout par des règlements du souverain auprès duquel les ministres sont accrédités : Pradier-Fodéré, t. 3, n. 1294. — Dans les conférences internationales ayant pour objet de concilier les intérêts de deux ou de plusieurs puissances par l'entremise ou la médiation d'un pays tiers dont l'intervention a été acceptée, les ministres de ce gouvernement prennent ordinairement le pas sur ceux des puissances directement en cause : Calvo, t. 3, n. 1357.

165. — Dans les résidences souveraines, tous les ministres du corps diplomatique jouissent de certaines distinctions particulières. — Dans les solennités publiques les places d'honneur leur sont réservées et elles se trouvent à côté de celles destinées aux princes et aux princesses du sang. Ils sont invités à toutes les fêtes de la Cour. Les honneurs militaires leur sont rendus {quand ils vont au palais du prince près lequel ils sont accrédités : Calvo, t. 3, n. 1361. — Les agents diplomatiques ont le droit de faire placer le armes de leur gouvernement au-dessus de la porte d'entrée de leur hôtel : Calvo, *loc. cit.*

166. — Des honneurs spéciaux sont rendus aux ambassadeurs comme représentant leur souverain. — Leur arrivée par mer est saluée par des salves d'artillerie. — Ils reçoivent les honneurs militaires : Heffter, n. 220 ; Neumann, n. 60, p. 252 ; Calvo, *loc. cit.*

167. — En France, un décret du 24 messidor an XII règle l'usage des honneurs militaires et des honneurs civils ; un décret du 6 frimaire an XIII règle ceux des honneurs militaires à rendre sur mer dans les ports, etc. Il n'est, sous aucun prétexte, rendu aucune espèce d'honneurs militaires à un ambassadeur français ou étranger, sans l'ordre formel du ministre de la guerre : D. 24 mess. an XII, tit. XIII, sect. 1, art. 1. — Le ministre des relations extérieures doit se concerter avec le ministre de la guerre, pour les honneurs à rendre aux ambassadeurs français ou étrangers. Le ministre de la guerre donne des ordres pour leur réception (art. 2).

168. — Il en est des honneurs civils pour les ambassadeurs français et étrangers, ainsi qu'il est dit ci-dessus pour les honneurs militaires (sect. 2, art. 3). — Il n'est, sous aucun prétexte, rendu dans les ports et arsenaux de marine, aucune espèce d'honneurs militaires à des ambassadeurs français ou étrangers sans l'ordre formel du ministre de la marine : D. 6 frim., an XIII, art. 37. — Le ministre des relations extérieures se concerte avec le ministre de la marine pour les honneurs à rendre aux ambassadeurs français ou étrangers. Le ministre de la marine donne des ordres pour leur réception.

169. — Les ambassadeurs jouissent aussi de certaines prérogatives : 1° celle de se couvrir et de se tenir couvert pendant la cérémonie de leur présentation au souverain, après que celui-ci s'est couvert ; 2° celle d'avoir dans leur salle de cérémonie un dais sous lequel est placé le portrait en pied du souverain qu'ils représentent ; 3° celle d'avoir un attelage de six chevaux : Heffter, n. 220 ; Neumann, n. 60, p. 252 ; Calvo, *loc. cit.* — V. ce qui est dit à propos des visites d'étiquette.

4.

Chap. **XIV**. — Droits, **privilèges**, immunités dont jouissent les agents diplomatiques.

170. — Les droits, privilèges et immunités dont jouissent les agents diplomatiques sont les suivants : 1° inviolabilité de la personne de l'agent ; 2° inviolabilité des personnes qui forment sa suite officielle et non officielle; 3° inviolabilité de son hôtel; 4° inviolabilité de ses effets, voitures et équipages; 5° exemption de la juridiction locale; 6° exemption des droits, taxes, impôts, visites; 7° droits de culte privé; 8° droit de juridiction; 9° privilèges divers.

171. — L'exterritorialité est une fiction d'après laquelle un agent diplomatique est considéré dans le pays où il est accrédité comme ne l'habitant pas et comme ayant conservé son domicile sur le territoire de l'État dont il est le représentant. Pendant longtemps cette fiction servit de base et de justification au principe des immunités diplomatiques : V. Grotius, liv. II, ch. xviii, p. 4, n. 5.

172. — En réalité, l'exterritorialité n'est qu'une conséquence résultant de l'ensemble des droits, privilèges et immunités qui sont reconnus d'une façon générale à tout agent diplomatique. Ces droits, privilèges et immunités diplomatiques ont leur raison d'être, pour les auteurs modernes, dans l'indépendance, la sûreté et la dignité qui doivent être garanties aux ministres publics pour remplir convenablement leur mission : Montesquieu, liv. XXVI, chap. 21 ; Vattel, liv. IV, chap. 7 ; Pinheiro-Ferrera, sur G.-F. de Marteins, t. 1, p. 83; Heffter, n. 203; Bluntschli, règle 135 ; Calvo, t. 3, n. 1480; Pradier-Fodéré, t. 3, n. 1381; Cours, t. 2, p. 11 ; Slatin, Journ. dr. intern. privé, 1884, t. 11, p. 335 et s. — V. enc. Conclus. des avoc. génér., sous Paris 12 juill. 1867 (S. 68. 2. 201).

173. — En France, toutes les immunités, tous les droits et privilèges ont été reconnus et garantis par une déclaration de l'Assemblée nationale, le 11 déc. 1789. M. le pré-

sident ayant fait lecture d'une lettre à lui adressée par le
ministre des affaires étrangères dans laquelle il demande
au nom des ambassadeurs et ministres étrangers l'explication d'une réponse de l'Assemblée à la commune de
Paris, relativement aux recherches dans les maisons pri-
vilégiées, l'Assemblée nationale a décidé que la demande
de MM. les ambassabeurs et ministres étrangers devait
être renvoyée au pouvoir exécutif; mais que, dans aucun cas, elle n'avait entendu porter atteinte par ses décrets à aucune de leurs immunités : Moniteur, 14 déc.
1789; Pradier-Fodéré, Cours, t. 2, p. 70, Traité, t. 3, n.
1416.

Sect. I. — Inviolabilité de la personne de l'agent diplomatique.

174. — Les agents diplomatiques jouissent, comme
toute autre personne habitant le territoire, de l'inviolabilité personnelle; mais, à cause de l'indépendance entière
qui leur est nécessaire pour remplir leur mission, ils
jouissent de cette inviolabilité à un degré beaucoup plus
élevé. Cette inviolabilité a, de tout temps, été reconnue
aux agents diplomatiques et aussi bien en temps de guerre
qu'en temps de paix.

175. — En France, les ministres publics jouissent de
ce droit en vertu de textes formels. D'abord l'arrêté de
l'Assemblée nationale du 11 décembre 1789, puis le décret
spécial de la Convention du 13 ventôse an II ainsi conçu :
« La Convention nationale interdit à toute autorité constituée d'attenter en aucune manière à la personne des
envoyés des gouvernements étrangers ; les réclamations
qui pourraient s'élever contre eux seront portées au comité du salut public qui seul est compétent pour y faire
droit ». Le comité du salut public, c'est maintenant le
ministère des affaires étrangères : Pradier-Fodéré, Cours,
t. 2, p. 122. — V. Portalis, sur l'art. 3 C. civ. ; Fenet, t. 6,
p. 256. — V. *infrà*, n. 266.

176. — Une application de ce principe de l'inviolabilité des agents diplomatiques en France avait été faite dans le décret des 4, 5, 8 juillet 1792 qui décidait que : « Tout homme résidant ou voyageant en France est tenu de porter la cocarde nationale. Sont exceptés de la présente disposition les ambassadeurs et agents accrédités des puissances étrangères (art. 16) : Merlin, Rép. v° Min. publ., sect. 5, § 4, art. 11 in fine.

177. — L'inviolabilité à laquelle ont droit les ministres publics doit être protégée par l'État où ils résident, d'une façon toute spéciale. L'État doit prévenir autant que possible toute atteinte qu'un particulier ou une autorité quelconque voudrait porter à leur droit : Merlin, Rép., v° Min. publ., sect. 5, p. 3, n. 1 ; Calvo, t. 3, n. 1490 ; Pradier-Fodéré, t. 3. n. 1382.

178. — Des représailles ne peuvent servir de prétexte à des actes de violence, à moins que le gouvernement du ministre lui-même ne se soit rendu coupable d'une pareille violation du droit international ; — ce qui serait permis, en effet, de faire, en cas de mauvais traitements de la part du gouvernement étranger à l'égard d'un ministre public serait de dépouiller son agent diplomatique de son caractère public et de le laisser dans l'état où il était avant d'en être revêtu, sans avoir égard à ce que son maître a fait depuis contre les lois de la paix et le droit des ambassades. Il en résulte que l'on pourrait alors faire arrêter et tenir prisonnier cet agent : Grotius, liv. II, ch. 18, n. 7 ; Bynkershoëck, ch. 22, § 4 ; Vattel, liv. IV, ch. 7, n. 102 ; Merlin, sect. 5, § 3, n. 5 ; Heffter, n. 204. — *Contrà* : Pradier-Fodéré, t. 3, n. 1390.

179. — Toute atteinte portée au principe de l'inviolabilité d'un individu est un délit qui blesse la société et est puni par la loi pénale. Toute atteinte à l'inviolabilité d'un agent diplomatique est de plus un acte qui blesse, non seulement le souverain et l'État que le ministre public représente, mais encore la communauté des nations ; c'est une infraction au droit international public : Merlin, sect. 5, § 3, n. 1 ; Heffter, *loc cit.* ; Phillimore, t. 2, 142;

Calvo, t. 3, n. 1490. — Aussi une pareille infraction doit-
elle être punie plus sévèrement qu'une infraction ordinaire : Merlin, *loc. cit.* ; — si c'est le gouvernement auprès
duquel l'agent diplomatique offensé est accrédité, qui en
a été l'auteur, il doit accorder une juste réparation ; — si
c'est un particulier, le gouvernement doit faire toutes les
poursuites légales, nécessaires pour la répression, sur la
requête du ministre offensé : Heffter, *loc. cit.* : Phillimore,
t. 2, n. 143 ; Calvo, *loc. cit.* ; Pradier-Fodéré, t. 3, n. 1391
et 1392.

180. — Dans la pratique actuelle des États, celui qui
s'est rendu coupable d'un acte contre l'inviolabilité d'un
agent diplomatique est justiciable des tribunaux locaux.
— En France, les lois de police et de sûreté obligent
tous ceux qui habitent le territoire (art. 3, alinéa 1, C.
civ.); par suite, toute infraction au principe de l'inviolabilité des agents diplomatiques doit être jugée par les
tribunaux français et punie par eux conformément à la
loi française. — Les tribunaux français compétents sont
les tribunaux ordinaires désignés par la loi ordinaire de
compétence. Les art. 180 et 516 C. 3 brum. an IV,
qui renvoyaient à des jurés spéciaux les attentats contre
le droit des gens, ont été abrogés par la mise en vigueur du Code d'instruction criminelle de 1808 : Merlin,
loc. cit.

181. — Les peines applicables sont aussi les peines ordinaires en vigueur au moment de l'infraction : spécialement les art. 84 et 85 C. pén., pourraient, suivant les
circonstances, recevoir une application : « Quiconque,
dit l'art. 84, aura, par des actions hostiles, non approuvées
par le gouvernement, exposé des Français à éprouver
des représailles, sera puni du bannissement ; et si la
guerre s'en est suivie, de la déportation. » — « Quiconque
aura, par des actes non approuvés par le gouvernement,
exposé des Français à éprouver des représailles, sera
puni du bannissement » (art. 85). — « Par des actes »,
c'est-à-dire des outrages, des voies de fait, que les
Français auraient commis envers des sujets d'une puis-

sance étrangère, et, à plus forte raison, des agents diplomatiques étrangers. Il n'est pas nécessaire pour l'application de ce dernier article que des représailles aient eu lieu : il suffit que des Français aient été exposés à en éprouver : Pradier-Fodéré, t. 3, n. 1383.

182. — Les agents diplomatiques accrédités en France sont garantis des atteintes à leur inviolabilité réalisée au moyen de la presse et autres publications, par la loi du 29 juillet 1881, qui a remplacé celle du 17 mai 1819. Celle-ci distinguait l'injure de la diffamation, en punissant les deux délits de peines différentes. La loi de 1881, au contraire, contient une seule disposition où la diffamation et l'injure sont remplacées par l'outrage qui les comprend l'une et l'autre : Dutruc, p. 145, n. 270. — V. Faivre et Benoist-Lévy, p. 180.

183. — « L'outrage commis publiquement envers les ambassadeurs et ministres plénipotentiaires, envoyés, chargés d'affaires ou autres agents diplomatiques accrédités près du Gouvernement de la République, sera puni d'un emprisonnement de huit jours à un an et d'une amende de cinquante francs à deux mille francs, ou de l'une de ces deux peines seulement » (art. 37, L. 29 juillet 1881).

184. — Il résulte des termes de cet article que, pour qu'un agent d'un gouvernement étranger soit protégé par la disposition qui s'y trouve énoncée, il est nécessaire que, sous quelque dénomination que ce soit, il soit accrédité actuellement près du gouvernement français. Celui qui aurait cessé de l'être ne serait plus traité que comme un simple particulier : Pradier-Fodéré, t. 3, n. 1385. — De même, que celui qui ne le serait pas encore : De Grattier, *loc. cit.* ; Dalloz, v° Presse-outrage. *op. cit.*, n. 915. — Comp. : Paris 12 sept. 1834 (Dalloz, n. 672), — 7 déc. 1878 (Journ. min. publ., 21. 278), — Cass. 24 mai 1879 (S. 80. 1. 137). — Dutruc, p. 145 et 146 ; Rousset, Cérémonial diplom., 1742 ; Fabreguettes, Délits de la parole, t. 2, n. 1656 ; Barbier, *op. cit.*, t. 2, n. 723.

185. — L'outrage commis envers un agent diploma-

tique serait punissable, encore bien qu'il ne serait pas re-
latif aux fonctions de cet agent et n'attaquerait que sa vie
privée : Cass. 27 janv. 1843 (S. 43. 1. 239 ; P. 43. 1. 725).
— *Contrà* : Paris 26 nov. 1842 (arrêt cassé). — Parant.
Lois de la presse, p. 93 ; Chassan, Délits et contraven-
tions de la parole, t. 1, p. 403 ; De Grattier, Lois sur
la presse, t. 1. p 215 ; Dalloz, v° Presse-outrage, n. 913 ;
Dutruc, p. 146 ; Benoist-Lévy et Faivre, p. 180 ; Barbier.
Code de la presse, t. 2, n. 720 ; Pradier-Fodéré, *lo*. *cit.*
— D'autre part, la preuve de la vérité des faits diffama-
toires ne serait pas admissible : Chassan, *op. cit.*, t. 2,
p. 449 (édit. 1838) ; Répert., Palais v° Ag. diplom. n. 116 ;
Pradier-Fodéré, t. 3, n. 1385 ; Barbier, t. 2, n. 720. —
Il importe, en outre, d'observer que l'art. 37 ci-dessus
n'est relatif qu'aux agents diplomatiques accrédités auprès
du Gouvernement de la République ; il ne s'applique donc
pas aux agents français accrédités auprès des puissances
étrangères, lesquelles rentrent dans les dispositions des
art. 31 et 33 de la loi de 1881.

186. — « Sera punie de la même peine (emprisonnement huit jours à un an ; amende 100 à 3,000 francs,
ou l'une des deux peines), la diffamation commise par les
mêmes moyens (V. art. 23 et 28), à raison de leurs fonctions ou de leur qualité, envers un ou plusieurs membres
du ministère, un ou plusieurs membres de l'une ou de
l'autre Chambre, un fonctionnaire public, un dépositaire
ou agent de l'autorité public, un ministre de l'un des
cultes salariés par l'État, un citoyen chargé d'un service
ou d'un mandat public, temporaire ou permanent, un juré
ou un témoin, à raison de sa déposition » (L. 29 juil. 1881,
art. 31).

187. — « L'injure commise par les mêmes moyens envers les corps ou les personnes désignés par les art. 30 et
31 de la présente loi sera punie d'un emprisonnement de
six jours à trois mois et d'une amende de 18 francs à
500 francs ou de l'une de ces deux peines seulement ; — si
l'injure n'est pas publique, elle ne sera punie que de la peine
prévue par l'art. 471 C. pén. » (L. 29 juil. 1881, art. 33).

188. — « La poursuite des crimes et délits commis par la voie de la presse ou par tout autre moyen de publication aura lieu d'office et à la requête du ministère public, sous les modifications suivantes » (art. 47, alinéa 1, L. 29 juill. 1884) : — « Dans le cas d'offense envers les chefs d'État ou d'outrage envers les agents diplomatiques étrangers, la poursuite aura lieu soit à leur requête, soit d'office sur la demande adressée au ministre des affaires étrangères et par celui-ci au ministre de la justice » (art. 47-5°). — « Dans le cas d'injure ou de diffamation envers les fonctionnaires publics, les dépositaires ou agents de l'autorité publique autres que les ministres, envers les ministres des cultes salariés par l'État et les citoyens chargés d'un service ou d'un mandat public, la poursuite aura lieu, soit sur leur plainte, soit d'office sur la plainte du ministre dont ils relèvent » (art, 47-3°),

189. — Dans les cas prévus par les § 3 et 4 dudit article, le droit de citation directe devant la Cour d'assises appartient à la partie lésée. — Sur sa réquisition, le président de la Cour d'assises fixera les jours et heures auxquels l'affaire est appelée (art. 47, 60). — C'est la Cour d'assises qui est compétente pour connaître des injures, diffamations ou outrages contre des agents diplomatiques français ou étrangers (art. 45, 47, L. 29 juill. 1881) : Cass. 17 janv. 1843 (P. 43. 1. 725). — Comp. : Cass. 9 fév. 1884 (Gaz. Pal. 84. 1. 556). — V. pour les dispositions des lois étrangères : Pradier-Fodéré. t. 3, n. 1384 et Ern. Lehr, Man. des ag. diplom. et cons., n. 991 et s.

190. — Les condamnés pour crimes ou délits peuvent obtenir leur grâce du chef de l'État ; mais lorsqu'il s'agit de crimes commis contre les représentants d'une nation étrangère, il semblerait que le pardon de l'offense dût dépendre uniquement du souverain étranger qui a été offensé. Reconnaître à un chef d'État étranger le pouvoir de détruire les effets des sentences rendues par les corps judiciaires français serait contraire non seulement au droit public de la France, mais encore à toutes les règles du droit public universel. Le chef de l'État dont l'agent diplomatique aurait été la victime de l'attentat, pourrait toutefois intervenir pour demander la grâce : Rép. Pal. v° Agents diplom., n. 410 ; Pradier-Fodéré, t. 3, n. 1383 ; Dalloz, C pén. ann.. art. 84, 85, p. 197. — *Contrà* : Merlin, sect. 5, § 3, n. 1.

191. — L'inviolabilité due à la personne de l'agent étranger ne commence que du moment où son caractère public a été suffisamment constaté et reconnu tel par le gouvernement après duquel il doit résider, c'est-à-dire après sa réception officielle et la remise de ses lettres de créance. — Cependant il est admis en principe par presque toutes les puissances que depuis le moment où l'agent diplomatique touche le territoire du souverain qui a été prévenu de sa mission jusqu'à celui où il le quitte, il doit jouir de l'inviolabilité inhérente au caractère dont il est revêtu : Vattel, l. IV, ch. 7, n. 88 ; Merlin, sect. 5, § 3, n. 3; Ch. de Martens, Guide diplom., t. 1, n. 23; Heffter, n. 204; Phillimore, t. 2, n. 153; Calvo, t. 3. n. 1482; Pradier-Fodéré, t. 3, n. 1389.

192. — Quoique le souverain n'ait pas été prévenu de la présence sur son territoire du ministre public, l'inviolabilité doit lui être reconnue et garantie sur la production de ses passeports. — Du reste la qualité même de ministre public est suffisamment établie par une lettre du ministre des affaires étrangères, seul compétent pour attester le fait : Trib. civ. Seine 1er déc. 1840 (S. 41. 2. 148). — V. aussi, dans ses motifs : Paris 9 avril 1866 (S. 66. 2. 282).

193. — Si, avant d'être nommé à une mission, l'agent diplomatique était déjà, comme simple particulier, dans le pays où il doit résider, son inviolabilité ne daterait que du moment de la remise de ses lettres de créance. — Cette inviolabilité devrait continuer à exister malgré la mésintelligence survenue entre les deux gouvernements et alors même que les hostilités seraient commencées. Dans ce dernier cas, un sauf-conduit est dû au ministre public pour séjourner dans l'État ou pour son départ : Ch. de Martens, t. 1, § 23 ; Phillimore, t. 2,

153, 174; Pradier-Fodéré, Cours, t. 2, p. 20 ; Tr., t. 3, n. 1389.

194. — Le ministre public ne jouit du privilège de l'inviolabilité que sur le territoire du souverain près lequel il est accrédité ; si pour affaires se rattachant à ses fonctions, il est obligé de traverser d'autres pays, ceux-ci ne lui doivent que des égards personnels et des actes de courtoisie dont l'oubli pourrait offenser le souverain représenté: Vattel, liv. IV, ch. 7, n. 84, 85 ; Merlin, sect. 5, § 3, n. 4; Heffter, n. 212, p. 396 ; Calvo, t. 3, n. 1483 ; Pradier-Fodéré, t. 3, n. 1389, p. 274. — Mais il a été jugé en France que le principe de l'inviolabilité s'étendait même aux agents diplomatiques qui ne font que traverser le territoire : Trib. civ. Seine, 1ᵉʳ déc. 1840 (S. 41. 2. 148). — Si cependant le voyage du ministre est justement suspect, si un souverain a lieu de croire qu'il abuse de la liberté d'entrée sur son territoire pour y tramer quelque chose contre son service; ou qu'il n'aille pour donner certains avis à ses ennemis ou pour lui en susciter de nouveaux, il peut lui refuser le passage. Mais il ne doit pas le maltraiter ni souffrir qu'on attente à sa personne. S'il n'a pas de raisons assez fortes pour lui refuser le passage, il peut prendre des précautions contre l'abus qu'il en pourrait faire : Vattel, *loc. cit.* — D'autre part, si l'agent diplomatique n'est pas reconnu comme tel par le gouvernement du pays qu'il traverse, il n'est véritablement dans ce pays qu'un simple particulier et peut être traité comme tel : Le Seyllier, Act. publ., t. 3, n. 770.

195. — L'inviolabilité assure à l'agent diplomatique la liberté absolue notamment de correspondre avec son gouvernement; d'envoyer et de recevoir des lettres et des dépêches soit par des courriers particuliers pourvus de papiers justifiant de leur qualité, soit par l'intermédiaire des postes et des télégraphes du pays. Il faut seulement dans ce cas que les lettres ou les dépêches remises par lui à l'administration des postes et des télégraphes portent un cachet diplomatique notoirement connu. — Il s'en suit qu'en temps de paix l'ouverture des dépêches originaires ou à destination des missions diplomatiques est une violation manifeste du droit des gens, surtout quand elle est pratiquée par ordre du gouvernement : Helfter, n. 204 ; Calvo, t. 3, n. 1489.

196. — Les créanciers du ministre public qui se trouvent nantis d'objets appartenant à celui-ci ne peuvent exercer d'autres droits sur ces objets que ceux qui n'ont pas besoin d'être autorisés en justice : Wheaton, t. 1, n. 203 ; Helffter, n. 212. — Sous l'empire de la loi sur la contrainte par corps, il a été jugé que l'inviolabilité des agents diplomatiques mettait obstacle aux poursuites de leurs créanciers qui voulaient recourir à ce moyen pour se faire payer : Trib. civ. Seine, 1er déc. 1840, précipité ; — qu'un agent diplomatique ne pouvait être nommé gardien judiciaire ; la contrainte par corps dont celui-ci était passible ne pouvant atteindre l'agent : Paris 19 mai 1829 (S. ch. ; D. 29. 2. 185).

197. — Les courriers de cabinet ne peuvent être arrêtés, ni obligés à livrer les dépêches dont ils sont porteurs. Leur inviolabilité est une conséquence naturelle de celle des agents diplomatiques : Vattel, l. 4, ch. 7, n. 86. — Cette inviolabilité doit couvrir aussi les parlementaires en temps de guerre entre deux nations ou en temps de guerre civile : Vattel, *loc. cit,*, n. 87, 88 ; Esperson, Dr. dipl., n. 138 ; Pradier-Fodéré, *loc. cit.* — Il a été jugé qu'on ne pouvait, dans un port français, arrêter le capitaine d'un vaisseau parlementaire sans un ordre du gouvernement ; que le juge qui méconnaîtrait ce devoir se rendrait coupable d'arrestation arbitraire : Cass. crim. 29 therm., an VIII (S. t. 1, 1. 473).

198. — Le principe d'inviolabilité dont peuvent se prévaloir les agents diplomatiques peut-il être invoqué par celui qui est né sujet du pays dans lequel il est accrédité? — Les auteurs sont divisés sur la solution qu'il convient de donner à la question. — Bynkersoëck, notamment, pense qu'en général et abstraction faite de toute loi locale, le souverain qui admet son propre sujet à représenter un prince étranger conserve sur lui sa juridiction, du moins en matière personnelle (ch. 12, § 1). — Mais la majorité est contraire à ce sentiment et admet l'indépendance du ministre public. Le prince auprès duquel un ambassadeur est envoyé peut refuser de le recevoir; mais, s'il l'a une fois admis et accrédité, le ministre, quel qu'il soit, doit vivre tranquille à l'abri du caractère public qui lui a été reconnu et du droit des gens, qui, là encore, doit l'emporter sur le droit civil. Ce n'est pas une absolution qui lui est accordée pour tous les actes qu'il peut avoir commis ou pourra commettre, mais une sauvegarde qui dure autant que son ministère public, et seulement jusqu'à ce qu'il ait été rappelé, remplacé, et qu'il soit retourné vers son nouveau maître; après quoi, s'il revenait sans caractère, il serait exposé aux poursuites et aux peines encourues : Brillon, Dict. des arrêts, v° Ambassadeur; Wicquefort, sect. 11, 27 ; Ch. de Martens, Guide dipl., § 25; Vattel, liv. IV, ch. 8, n. 112; Merlin, sect. 3, n. 5; Le Seyllier, t. 1, n. 769.

199. — Ne constitue pas une atteinte aux prérogatives de l'agent diplomatique l'insulte qui lui serait faite par quelqu'un qui ne connaissait pas son caractère. L'offense alors ne regarde point la nation qu'il représente, et elle tombe dans la classe des délits communs : Vattel, liv. IV, ch. 7, n. 82 ; Merlin. Rép., v° Min. publ., sect. 5, § 3, n. 2; Heffter, n. 204 ; Calvo, t. 3, n. 1492, p. 300 ; Pradier-Fodéré, t. 3, n. 1392, p. 278.

200. — De plus, le ministre public ou les personnes de sa suite ne peuvent invoquer en leur faveur le privilège de l'inviolabilité : 1° si par leur conduite peu régulière, ils provoquent de la part du gouvernement, près duquel ils résident, des actes de sûreté et de défense ou de répression : V. des développements dans Phillimore, t. 2, n. 154 et s. ; G.-F. de Martens, n. 218 ; — 2° dans des circonstances entièrement étrangères à leur caractère public; du moins les atteintes portées à leur inviolabilité ne sauraient donner lieu en pareil cas à des réclamations diplomatiques. Ainsi un diplomate qui se produit comme auteur, n'est pas protégé par son caractère officiel contre les attaques de la critique. Il suffit qu'elle respecte ce caractère pour qu'elle n'ait qu'à répondre des injures personnelles ou des faits de diffamation ; — 3° dans le cas ou des insultes leur seraient adressées dans un mauvais lieu ; — 4° lorsque la personne jouissant de l'inviolabilité attaque d'autres individus dans leur personne, leur famille ou leurs biens ou fait usage vis-à-vis d'eux de menaces graves. Il est incontestable qu'il est permis d'user du droit de légitime défense ; — 5° quand elle s'expose volontairement à un danger, en pénétrant dans un groupe d'émeutiers, par exemple ; — 6° dans le cas d'un duel : Bluntschli, règle 194 et s ; Heffter, n. 204 ; Calvo, t. 3, n. 1492 ; Pradier-Fodéré, t. 3, n. 1393.

201. — L'inviolabilité n'entraîne pas l'impunité. Lors donc qu'un ministre public oublie sa dignité, se permet des empiètements ou des actes arbitraires, trouble l'ordre public, manque au souverain, aux habitants et aux fonctionnaires du pays de sa résidence, conspire, se rend odieux, suspect ou coupable, sa conduite tombe dans l'action des lois pénales ; mais cette répression n'incombe qu'au gouvernement qui l'a nommé. Quant au souverain près lequel l'agent réside, il peut seulement prendre à son égard les mesures conseillées par la sûreté publique, interrompre ses rapports avec lui, le renvoyer dans ses États et, en cas de résistance, recourir à la force pour le contraindre à en sortir, car alors l'agent devient luimême l'auteur de la violence qui lui est faite : Calvo, t. 3, n. 1493.

202. — Le principe de l'inviolabilité entraîne comme conséquence, si même il ne la présuppose, l'indépendance absolue, c'est-à-dire que l'agent diplomatique ne doit relever que de son souverain ; il ne peut, à aucun prix, accepter, encore moins solliciter aucun emploi ni aucune pension publique ou secrète de la Cour où il réside, car toute faveur de ce genre le placerait moralement dans une sujétion incompatible avec les devoirs de sa charge. Il ne doit pas, non plus, sans l'autorisation expresse de son propre gouvernement, accepter aucune dignité, aucun titre, aucune décoration, aucune grâce quelconque du souverain auprès duquel il est accrédité, ni de tout autre prince : Calvo, t. 3, n. 1497.

Sect. II. — Inviolabilité des personnes qui forment la suite de l'agent diplomatique.

203. — L'inviolabilité est due, non seulement à tout agent diplomatique régulièrement accrédité, mais aussi aux personnes qui sont attachées à sa mission, à sa femme et à ses enfants, ainsi qu'aux gens qui composent sa suite : Merlin, sect. 6, n. 1, 2 ; Heffter, n. 212 ; Phillimore, t. 2, n. 153 ; Calvo, t. 3, n. 1484 ; Pradier-Fodéré, t. 3, n. 1388. — V. les décisions suivantes : C. Banc de la Reine, Angleterre, 12-14 déc. 1885 (Journ. dr. intern. pr. 87. 203; Pand. franç. 87. 5. 21 ; Times 15 déc. 1885 ; Calvo, t. 3, n. 1487), — Trib. civ. Seine 24 janv. 1875, sous Paris 30 juin 1876 (S. 77. 2. 17 ; P. 77, 105), — 8 mars 1886 (Journ. dr. intern., pr. 86. 592), — Paris 21 août 1841 (S. 41. 2. 592! P. 43. 1. 406 ; D. 42. 2. 97). — 12 juill. 1867 (S. 68. 2. 201 ; P. 68. 815 ; D. 68 2. 121); G. Dr. intern. priv. 83. 239.

Sect. II. — Inviolabilité de l'hotel de l'agent diplomatique.

204. — La demeure de tout agent diplomatique est inviolable. Aucun officier de l'autorité publique, aucun agent de la force publique ne peut y pénétrer pour y exercer des actes de son ministère. Aucun employé des douanes, aucun officier de police ne peut y pratiquer des visites, des perquisitions. Toute atteinte portée à cette immunité constitue une violation du droit international.

205. — Cette inviolabilité a été justifiée par le principe de l'exterritorialité, et des décisions de jurisprudence ont été rendues dans ce sens : V. Leipsig 26 nov. 1880 (Journ. dr. intern. pr. 1882. 326), — Trib. civ. Seine 2 juill. 1834 (Bioche et Goujet, Dict. proc., v° Min. publ.), — 2 juill. 1872 (S. 72. 2. 248). — 21 janv. 1875, précité.

— 28 janv. 1885 (Journ. dr. intern. pr. 1885. 426), — Douai 9 août 1843 (P. 44, 1. 195), — Paris 6 avril 1869 (S. 70. 2.178), — 30 juin 1876, précité. — Cependant la tendance contemporaine est d'expliquer l'immunité locale, non plus par l'exterritorialité, mais par la nécessité de garantir au ministre public le libre exercice de ses fonctions, notamment le secret absolu de ses correspondances ; En recourant à la fiction de l'exterritorialité, on est conduit à donner à cette inviolabilité une extension qui n'est pas indispensable pour le but que l'on veut atteindre.

206. — Il résulte de cette inviolabilité que l'hôtel de l'agent diplomatique est exempt du logement militaire et des taxes qui le remplacent dans un grand nombre de pays : Pradié-Fodéré. Cours, t. 2, p. 49, — et en outre qu'en cas de décès du ministre, les autorités locales ne pourraient pénétrer dans son hôtel pour apposer les scellés sur ses meubles : G.-F. de Martens, t. 2, p. 235.

207. — Si un crime ou un délit a été commis dans l'intérieur de l'hôtel de la légation par ou sur quelqu'une des personnes de la mission et que le coupable ait été arrêté dans l'hôtel, le gouvernement près duquel le ministre est accrédité n'a pas le droit de demander son extradition, l'hôtel de la légation étant regardé comme territoire étranger : Heffter, n. 216 ; Calvo, t. 3, n. 1540, 1541

208. — Il a cependant été jugé en France que cette inviolabilité de l'hôtel de l'agent diplomatique ne pouvait s'étendre en faveur d'individus n'ayant aucune mission des gouvernements que les ministres publics représentent, et attachés à leur service par leur propre volonté, lorsque ces ministres manifestent expressément l'intention de les livrer à la justice ordinaire locale : Cass. 11 juin 1852 (S. 52. 1. 467 ; P. 52. 2. 57 ; D. 52. 1. 192). — Il s'agissait, dans l'espèce, d'une infraction commise dans l'hôtel d'une ambassade. — A fortiori, cette inviolabilité ne s'étend-elle pas à l'auteur d'une infraction commise dans l'hôtel d'une ambassade, alors qu'il n'est attaché à aucun titre dans la personne du chef de la maison, quoiqu'il soit de la même nationalité que celui-ci : Leipsig

26 nov. 1880 (Journ. dr. intern. pr. 1882, 326), — Cass.
13 oct. 1865 (S. 66. 1.33 et note de G. Dutruc). — Carnazza-Amari, Dr. intern. publ., t. 2, p. 41, 69; Bar,
p. 411. n. 7.

209. — L'assignation laissée à l'hôtel où réside l'agent
diplomatique est nulle : Trib. civ. Seine 2 juill. 1834
(Bioche et Goujet, Dict. proc., v° Min. publ.), —
21 janv. 1875, sous Paris 30 juin 1876 précité, —
28 janv. 1885 (Journ. dr. intern. pr. 1885, 426). — Mais, si
l'assignation délivrée à un membre du corps diplomatique
doit lui être délivrée par la voie diplomatique et non à
l'hôtel de la légation, il en est différemment quand l'agent
n'a pas réclamé ses privilèges diplomatiques et a demandé
lui-même à être renvoyé devant la juridiction civile :
Trib. civ. Seine 28 janv. 1885, précité. — M. Slatin admet que les actes conservatoires, par exemple des protêts,
peuvent être faits dans l'hôtel de l'ambassade, mais avec
l'adjonction du représentant du ministre des affaires étrangères : Journ. dr. intern. pr. 1884, p. 478; Vincent et
Pénaud, Dict. dr. intern. privé, v° Agents dipl., n. 44.

210. — Il a, au contraire, été jugé en France que le
mariage contracté entre une indigène et un étranger dans
l'hôtel de l'ambassade de son pays ne doit pas être considéré comme ayant été célébré à l'étranger. En effet,
si l'hôtel de l'ambassade doit, selon le droit des gens, être
considéré comme territoire de la nation que représente
l'ambassadeur, ce n'est qu'au point de vue des immunités
consacrées par les traités internationaux au profit des
agents diplomatiques: par suite, cette fiction d'extranéité
ne saurait être étendue aux actes de la vie civile intéressant les indigènes du pays près duquel est accrédité l'ambassadeur : Trib. civ. Seine 2 juill. 1872 (S. 72. 2. 248),
— Trib. civ. Boulogne-sur-Mer, 8 avril 1886 (Loi 2 mai 1886),
— Douai 9 août 1843 (P. 44. 1. 195), — Paris 6 avril 1869
(S. 70. 2. 178), — 21 juin 1873 (Journ. dr. intern. pr. 1875,
73). — La nullité du mariage est absolue : Trib, civ. Seine
2 juill. 1872, précité. — Dans l'hypothèse inverse il a été décidé que le mariage contracté entre un indigène et une étran-

gère, dans l'hôtel de l'ambassade de son pays, doit être considéré comme ayant été célébré en pays étranger : Trib. civ. Seine 11 déc. 1868 sous Paris 8 avril 1869 (S. 70. 2. 178).

211. — L'enfant qui naît dans l'hôtel d'un agent diplomatique, d'un étranger, autre que le ministre ou un membre officiel de la mission, est réputé naître dans le pays où l'hôtel est situé. En France, l'enfant pourra à sa majorité invoquer l'art. 9 C. civ. pour réclamer la qualité de Français, ou même bénéficier dès sa naissance de cette qualité, si le père étranger était né lui-même en France : Légat, Code des étrangers , p. 10 ; Delvincourt, t. 1, p. 15 ; Alauzet, De la qualité de Français, p. 10 ; Weiss, p. 36 ; de Folleville, n. 139.

212. — Si des étrangers résidant en France passent une convention dans l'hôtel de leur ambassadeur, ils ne peuvent invoquer le principe de l'exterritorialité pour prétendre que cette convention a été consentie en pays étranger : Trib. civ. Boulogne-sur-Mer 8 avril 1886, précité (en l'espèce un contrat de mariage).

213. — Il existe plusieurs exceptions à l'inviolabilité du domicile ou l'hôtel de l'agent diplomatique. La demeure d'un ministre public est inviolable en tant qu'il s'agit des besoins indispensables de son service officiel et de l'exercice libre et régulier de ses fonctions ; mais dès que la conduite et l'attitude imprudente de l'agent diplomatique mettent en péril la paix de l'Etat, violent ou tendent à éluder les lois d'un pays, en convertissant, par exemple, la légation en refuge pour les criminels ou en foyer de conspiration contre le gouvernement établi, le privilège de l'inviolabilité de domicile disparaît, et l'Etat offensé est pleinement fondé en droit à refuser désormais à la demeure de l'agent le bénéfice d'une immunité que la saine raison et la justice cessent de légitimer : Calvo, t. 3, n. 1421 ; Pradier-Fodéré, t. 3, n. 1418.

214. — L'inviolabilité du domicile de l'agent diplomatique n'est pas si absolue qu'elle ne fléchisse devant les investigations et les poursuites de la justice répressive du pays. Par suite, il n'existe plus de droit d'asile : G. F. de

Martens, n. 220; Vattel, liv. IV, ch. IX, n. 118; Merlin, sect. 5, § 5, n. 3 ; Rayneval, liv. II, ch. 14, § 6 ; Dalloz, v° Ag. diplom., 149 ; Fœlix et Demangeat, t. 1, 418 ; Faustin-Hélie, Instr. crim., t. 2, p. 558 ; Mangin, Act. publ., t. 1, n. 79; Helfter, n. 242 ; Calvo, t. 3, n. 1521 et s. ; Esperson, n. 266 et s.; Pradier-Fodéré, t. 3, n. 1419. — Nul motif légitime ne peut autoriser un ministre à faire servir son hôtel ou ses voitures pour soustraire à la juridiction compétente du pays les individus prévenus d'un crime où à favoriser leur évasion : Grotius, liv II, ch. 21, § 4 ; Bynkershoëck. ch. 21 ; Wicquefort, liv. I, sect. 28 ; Vattel liv. IV, ch. 19, n. 117; Merlin, *loc. cit.* — Le droit d'asile a été aboli en France par François Ier : Ord, de 1539, art. 166, rapp. par Merlin, *loc. cit.*

215. — Lorsqu'il est constant qu'un individu prévenu d'un crime s'est réfugié dans l'hôtel d'un ministre public, les autorités du pays ont non seulement le droit de faire entourer de gardes l'hôtel et de prendre au dehors les mesures nécessaires pour que le coupable ne puisse s'échapper; mais elles peuvent encore, dans le cas où le ministre après avoir été dûment sollicité par l'autorité compétente, se refuse à le livrer, le faire enlever de l'hôtel à main armée : Helfter, n. 212 ; G. F. de Martens, n. 220 ; Pradier-Fodéré, Cours, t. 2, p. 77; Tr., t. 3, n. 1419. — V. dans cet auteur les diverses opinions qui existent sur cette matière: Comp. Vattel, liv. IV, ch. IX, § 118. — La perquisition est autorisée surtout si le gouvernement a des raisons de croire que le crime est dirigé contre l'Etat : Helfter, *loc. cit.* — Les autorités du pays, en procédant à la visite, doivent éviter tout ce qui peut porter atteinte aux droits et aux égards dus à la personne du ministre public et à sa suite: Helfter, *loc. cit.* — V. Merlin, sect. 5, § 5, n. 3; Pradier-Fodéré, *op. cit.*, n. 1424 in fine.

216. — Le ministre public qui donnerait asile dans son hôtel à un criminel de droit commun et refuserait de le livrer aux autorités, se rendrait complice du crime, et dès lors, dit M. Pradier Fodéré, il ne resterait au gouvernement qu'à lui envoyer ses passeports, en prenant les mesures convenables pour que l'accusé soit saisi, s'il se hasardait à quitter l'hôtel avant le départ du ministre. Ce départ effectué, la personne et les archives du ministre étant à l'abri de toute atteinte, rien ne s'oppose à ce que les agents du gouvernement pénètrent dans sa demeure pour s'emparer du coupable : Pradier-Fodéré, t. 3, n. 1424. — D'autre part, le ministre public ne peut se refuser de répondre à l'interrogatoire auquel l'autorité judiciaire croira devoir procéder : Heffter, *loc. cit.*

217. — En dehors du cas qui vient d'être indiqué, il n'est pas permis aux autorités locales de pénétrer dans l'hôtel d'un ministre public et d'y procéder à une perquisition, lors même qu'il existerait des soupçons que l'hôtel sert d'abri à un criminel ou à cacher les traces d'un crime : Heffter, *loc, cit.*

218. — Sont pareillement abolies la franchise de quartier et les lettres de franchise ou billets de protection : G. F. de Martens, n. 221 ; Merlin, *loc. cit.;* Heffter, *loc cit.;* Pradier-Fodéré, t. 3, n. 1425.

SECT. IV. — INVIOLABILITÉ OU FRANCHISE DU MOBILIER DE L'AGENT DIPLOMATIQUE.

219. — L'immunité des ministres publics étrangers s'étend aussi à leur mobilier : en particulier à leurs bagages, caisses, cassettes, aux meubles de leur maison, à leurs voitures, équipages, etc. — L'extension de cette immunité au mobilier est destinée surtout à sauvegarder leurs écrits et correspondances. — Mais l'immunité dont il s'agit est nécessairement limitée par les droits de haute police appartenant à l'Etat. Un ministre public étranger ne pourrait donc pas se servir ou permettre qu'on se servît de ses équipages, pour soustraire à la juridiction du pays de sa résidence des délinquants de droit commun, ou pour introduire en fraude des objets prohibés par la loi : V. *suprà*, n. 124 ; Vattel, liv. IV, ch. 8, n. 112 ; Bynkershoëck, ch. 9, § 9 ; Merlin, sect. 5, § 4, art. 6; Ch. de Martens, Guide diplom., t. 1, n. 34 ; Heffter,

n. 212 ; Pradier-Fodéré, Cours, t. 2, p. 99 ; Tr., t. 3, n. 1426.

220. — On ne peut par conséquent pratiquer sur les effets mobiliers d'un agent diplomatique une saisie réelle, ni une saisie arrêt : Trib. civ. Seine 29 sept. 1880 (Journ. dr. intern. pr. 1881) ; — on ne peut y apposer les scellés, ni les faire placer sous séquestre ; enfin le propriétaire ne peut exercer les droits de saisie sur les meubles appartenant à un ministre public et garnissant sa maison (art. 2102 C. civ). — Comp .: Wicquefort, t. 1, p. 426 ; Fœlix, Rev. de dr. fr. et étr., t. II, 1845 p. 31.

221. — L'immunité relative au mobilier de l'agent diplomatique s'applique uniquement aux effets mobiliers, bagages, etc., destinés à son usage personnel ou à l'exercice de ses fonctions. Elle ne s'étend pas aux biens meubles dont il pourrait être propriétaire et qu'il posséderait sous un rapport étranger à son caractère. Par exemple, comme dit Merlin, s'il a, dans une métairie qu'il fait exploiter pour son propre compte, du blé, du vin, de l'huile ; s'il tient dans un magasin des marchandises dont il fait commerce ; s'il nourrit des chevaux pour les vendre ; tous ces objets ne participeront pas au privilège inhérent aux fonctions du ministre public : Merlin, *loc. cit.*

222. — Dans le doute sur le point de savoir dans quelle catégorie doit rentrer tel effet de mobilier appartenant à un ministre et si, par suite, l'immunité devra lui être reconnue ou non, le respect dû au caractère, dit Vattel, exige qu'on explique toujours les choses à l'avantage du ministre public, autrement on s'exposerait à violer ses privilèges : Bynkershoœck, chap. 14, n. 2: chap. 16, n. 6 ; Vattel, liv. IV, chap. 8, n. 114. — C'est pourquoi les sommes d'argent représentées par des espèces sonnantes ou par des lettres de change ou autres effets de commerce doivent rentrer dans la catégorie des effets mobiliers qui jouissent de l'inviolabilité. Le président du tribunal civil de la Seine en référé, a jugé, en ce sens, qu'une saisie-arrêt ne pouvait être autorisée sur des deniers dus à un agent diplomatique : 29 sept. 1880, précité. — V. les auteurs déjà cités et Merlin, *loc. cit.*

Sect. V. — Exemption de la juridiction territoriale ou locale.

223. — C'est un principe admis dans la pratique internationale que les agents diplomatiques ne dépendent point en général dé la souveraineté de l'Etat auprès duquel ils sont accrédités, et ne peuvent être soumis à la juridiction de cet Etat en matière civile ou en matière criminelle : les ambassadeurs jouissent de l'exemption de la juridiction de l'Etat où ils résident : Grotius, liv. II, chap. 18, § 4, n. 8 et suiv. ; Wiquefort, liv. I, sect. 3 ; Bynkershoëck « de foro legatorum » ; Vattel, liv. IV, chap 7, § 92 ; Burlamaqui, t. 5, p. 305 ; Montesquieu, liv. XXVI, chap. 21 ; G.-F. de Martens, § 216 et s. ; Klüber, n. 203, 204, 209 à 211 ; Nouveau Denizart, v° Ambassadeur ; Merlin, Répert., v° Min. publ., sect, 5, § 4 art. 1 à 10 ; Paillet. Dict. de dr., v° Ag. diplom., § 2, n. 9, 10 ; Ayrault, Introd. judic., liv. I, § 4, n. 12 et s. ; Wheaton, p. 3, chap. 1, § 14 et 15 ; Fœlix, tit. I. liv. II, t. 2, chap. 2, sect 4 ; Heffter, n. 205, 210, 214 ; Phillimore, t. II, chap. 6 à 8 ; Pasquale Fiore, Nouv. dr. int. publ., tit. II, p. 3, liv. II, chap. 2, 3 et 4 ; Calvo, t. 3, n. 1506 et s. ; Pradier-Fodéré, Cours, t. 2, p. 107 ; Traité, t. 3, n. 1433. — *Contrà* : Pinheiro-Ferreira, notes sur G.-F. de Martens n. 216, édit. Vergé, notes sur Vattel, sur les n. 92 à 103 ; Esperson, Dr. dipl., n. 206, 207, 243 et s. ; Laurent, Dr. civ. intern., t. 2, n. 1 à 25, 39 à 88. V. encore les auteurs cités par Faustin Hélie, Instr. crim., t. 2, n. 645 ; Henri Cocceji « jus civile controversum », liv. XL, tit. VII « De legat. quest. 3 », t. 2, p. 749, repr. et trad. par Le Seyllier, Tr. de la Crim., t. 2, n. 532 ; Mevius, « De arrestis », chap. 4, n. 17, 18, cité aussi par Merlin, *loc. cit.*, art. 2 ; Perezius « Prœlect. in. cod. », liv. X, t. 63, n. 10, 11 ; Arumœus, t. 2, disc 21, n. 48, 49 ; Bouchel, Bibl. du dr. franc., v° Ambassad ; De Marselaër, Legatus, diss. 13 ; Antonio de Vera, Le parf, ambass., n. 45.

224. — Les auteurs partisans de l'immunité de juridiction sont loin d'être d'accord sur les raisons qui peuvent le justifier. Il y en a qui font reposer cette immunité sur la fiction de l'exterritorialité : Grotius, Bynkershoëck ; — d'autres sur ce que cette immunité est indispensable aux agents diplomatiques pour l'accomplissement de leur mission : Vattel, Montesquieu ; — d'autres encore sur le caractère représententatif et sur la convention tacite intervenue entre les deux Etats dont l'un envoie et l'autre reçoit l'agent diplomatique et qui consiste à respecter l'usage déjà reçu : Lettre du ministre d'Aiguillon, Merlin ; — enfin il y en a qui s'appuient sur plusieurs raisons à la fois : M. Slatin, par exemple, pense que les arguments pour fonder l'immunité sont : le caractère représentatif du ministre public, la nécessité de lui garantir une entière liberté d'action, la courtoisie internationale : De la juridict. des ag. diplom. (Jour. dr. intern. pr. Clunet, 1884, p. 336). — D'après Pasquale Fiore, ce serait l'intérêt réciproque des nations, la convention tacite et l'indépendance : Nouv. dr. intern, publ., t. 2, p. 3, liv. II, chap. 2.

225. — Un grand nombre d'Etats reconnaissent d'une façon plus ou moins explicite, par des textes, des usages ou des traités, l'exemption en principe de la juridiction des tribunaux locaux en faveur des agents diplomatiques.

226. — En Angleterre il y a le bill du 21 avril 1709 (statut 7e année, chap 12), aux termes duquel « toutes les actions et procès, tous arrêts et procédures commencés, faits et poursuivis contre l'ambassadeur, ou tout autre agent, par n'importe quelles personnes que ce puisse être, et toutes cautions, obligations, données par lui ou par aucune autre personne ou personnes de sa part, et pour lui, et toutes reconnaissances des cautions données ou reconnues pour une telle action ou un tel procès, ordre ou procédure, et tous jugements en conséquence, sont entièrement nuls, de nulle valeur et invalidés à toutes fois, en tous sens et égards quelconques... et afin de prévenir de pareilles insolences à l'avenir, tous ordres et procès qui en quelque temps que ce soit ci-après seront faits et poursuivis, par lesquels la personne d'aucun ambassadeur ou

d'aucun ministre public de quelque prince ou Etat étranger
que ce soit, autorisé ou reçu comme tel par Sa Majesté,
par ses successeurs et héritiers, ou les domestiques ou ser-
viteurs des ambassadeurs ou des autres ministres publics,
puissent être arrêtés ou emprisonnés, ou leurs biens ou
immeubles retenus, saisis et arrêtés, seront tenus et jugés
être entièrement nuls, et seront invalidés à toutes fins et
en tous sens et égards quelconques. » — V. l'historique
de ce bill et l'incident qui y a donné lieu, dans Merlin,
sect. 5, § 4, art. 3 ; Laurent, Dr. civ. intern. t. 3, n. 22 ;
Pradier-Fodéré, Cours, t. 2, p. 123 ; Calvo, t. 3, n. 1508.

227. — En Autriche, le Code civil général de 1811
contient la disposition suivante dans son art. 38 : « Les
ambassadeurs, les chargés d'affaires ainsi que les personnes à leur service jouissent des exemptions fondées sur
le droit international et sur les traités publics. » En outre,
en Autriche, un acte royal du 29 janvier 1795 institue une
procédure particulière en cas de réclamation formée
contre un ambassadeur. C'est l'institution du Grand maré-
chalat de la Cour : Slatin (Journ. dr. intern. pr. 1884, p.
331, 340). — V. aussi Merlin, *loc. cit.*, et Pradier-Fodéré,
t. 3, n. 1438, p. 346; Laurent, t. 3, n. 5.

228. — D'après les lois civiles russes, aucun jugement
ne peut être mis à exécution dans les hôtels occupés par
les ambassadeurs et envoyés diplomatiques, autrement
que par l'intermédiaire du ministre des affaires étrangères. Toute autorité saisie d'une réclamation quelconque
élevée contre un individu attaché à une mission étrangère,
doit la transmettre au même ministre : Fœlix, Dr. intern.
privé, t. 1, p. 430, 4ᵉ édit. ; Laurent, t. 3, n. 8.

229. — En Portugal, d'après une loi de Jean IV, re-
nouvelée sous Jean V, le ministre public étranger ne pouvait être poursuivi devant les tribunaux du royaume
qu'autant que son engagement datait d'une époque antérieure à sa mission diplomatique auprès du roi ; hors ce
cas, aucune convention ne pouvait être reçue contre le
ministre étranger : Pradier-Fodéré, Cours, t. 2, p. 124,
125; Traité, t. 2, n. 1438, p. 347.

230. — En Espagne, au contraire, en vertu de la loi 7, t. 31, liv. IX du recueil Recopilacion de legs, les agents diplomatiques étrangers pouvaient être poursuivis sans distinction devant les tribunaux espagnols à raison d'engagements contractés pendant l'exercice de leur mission, mais non pas à raison des engagements antérieurs : Pradier-Fodéré, Cours, t. 2, p. 125 ; Traité, t. 8, n. 1438, p. 347 ; Slatin (Journ. dr. intern. pr. 1884, p. 332).

231. — L'exemption de juridiction des agents diplomatiques est proclamée dans l'empire d'Allemagne par la loi d'organisation judiciaire dont l'art. 18 porte : « La juridiction nationale ne s'étend point aux chefs et aux membres des missions accréditées près de l'empire allemand. Si ces personnes appartiennent à l'un des Etats de la confédération, elles ne seront affranchies de cette juridiction que dans la mesure où l'Etat auquel elles appartiennent aura renoncé à la juridiction sur elles. A propos des États formant la confédération ou empire allemand, l'article 2 de la même loi dit : « Les chefs et membres des missions diplomatiques accréditées auprès d'un des Etats de la confédération ne sont pas soumis à la juridiction de cet Etat. » — V. encore C. 16 avril 1871, art. 10 ; Slatin (Journ. dr. intern. pr. 1884, p. 331).

232. — En France, on n'a sur l'exemption de la juridiction locale des agents diplomatiques aucune loi expresse, mais des usages confirmés par des dispositions légales et des décisions de jurisprudence. En 1589, la portion du Parlement de Paris qui siégeait, tantôt à Tours, tantôt à Châlons, reconnaissait l'indépendance des ambassadeurs, mais en même temps, elle soutenait et jugeait qu'elle devait cesser à l'égard des ambassadeurs conspirant contre l'Etat. Un arrêt du Parlement de Paris du 20 juin 1729 (Archives judic. de Terrasse, — arrêt reproduit par Merlin, *loc. cit.*), — que l'on a prétendu se rapporter à la question, ne tranche qu'une difficulté de procédure. — En 1772, un mémoire rédigé par le ministre de Louis XV, le duc d'Aiguillon, pour être adressé à toutes les puissances de l'Europe, reconnaît et confirme le prin-

cipe de l'indépendance du ministre public par rapport à la
juridiction locale, mais tout en la limitant par des exceptions qui en diminuaient singulièrement les effets. — V. le
texte de ce mémoire dans Gérard de Rayneval, Inst. de dr.
de la nature et des gens, liv. II, note 42 ; Merlin, sect. 5,
p. 6, art. 3 ; Pradier-Fodéré, Cours, t. 2, p. 119 et s.

233. — Cette pratique est sanctionnée législativement
d'une manière implicite par la déclaration rapportée *suprà*,
n. 173, en date du 11 décembre 1789, par laquelle
l'Assemblée nationale dit qu'elle ne veut, en aucune façon,
porter atteinte par ses décrets aux immunités des ambassadeurs et ministres étrangers. Après cette déclaration,
vient le décret de la Convention du 13 ventôse an II
(*suprà*, n. 175), sur le sens duquel les auteurs ne sont pas
d'accord. Laurent soutient que ce décret se rapporte
exclusivement à l'inviolabilité personnelle de l'agent
diplomatique, qu'il est tout à fait étranger à l'immunité
juridictionnelle (Dr. civ. intern., t. 3, p. 8). — Gand
(Code des étrang., n. 71, 72, 80, 81), soutient aussi que
les agents diplomatiques sont justiciables des tribunaux
français, et que le décret de l'an II a pour conséquence
d'empêcher seulement l'exécution de la décision du juge.
Dans un autre système, ce décret a voulu garantir aussi
bien l'inviolabité de la personne que l'exemption de juridiction. Il est défendu par des auteurs et adopté par certains tribunaux : Pradier-Fodéré, t. 3, n. 1439; Slatin
(Journ. dr. intern. pr. 1884, p. 330). — « Considérant, dit
la Cour de Paris, dans son arrêt du 12 juillet 1867 (S. 68.
2. 201 et la note; P. 58. 815 ; D. 67. 2. 121), que c'est un
principe certain du droit des gens que les agents diplomatiques d'un gouvernement étranger ne sont pas soumis à
la juridiction des tribunaux du pays dans lequel ils sont
envoyés ; que ce principe a été spécialement reconnu
par le décret du 13 ventôse an II... » — Voir une autre
application dans un arrêt de Lyon du 11 déc. 1883 (Gaz.
Pal. 84, 1, 573 ; S. 84. 2. 80; P. 84. 1. 421 ; Journ. dr.
intern. pr. 84. 56). — Comp.: Cass. crim. 29 therm. an
VIII (S. chr.).

234. — Dans le projet du Code civil, il y avait un article ainsi conçu : « Les étrangers revêtus d'un caractère représentatif de leur nation, en qualité d'ambassadeur, de ministre, d'envoyé, ou sous quelque autre dénomination que ce soit, ne seront point traduits, ni en matière civile ni en matière criminelle, devant les tribunaux de France. Il en sera de même des étrangers qui composeront leur famille ou qui seront de leur suite. » Cet article avait été proposé par la section du Conseil d'Etat dans le titre de la jouissance et de la perte des droits civils, mais il fut retranché de ce titre parce que ce sujet est étranger au droit civil et appartient au droit des gens et aux traités : Locré, Esprit. du Code Napoléon, t. 1, p. 201 ; Législ. civ. t. 1, 26, 41, t. 2, 391 ; Fenet, t. 7, 15.

235. — Lors de la discussion de l'art. 3, il a été dit à propos de la disposition de l'alinéa premier en vertu duquel « les lois de police et de sûreté obligent tous ceux qui habitent le territoire » par Andrieux, dans son rapport à l'assemblée générale au nom de la commission spéciale, dans la séance du 22 frimaire : « Il n'est pas vrai que la loi oblige sans exception ceux qui habitent le territoire, puisque les étrangers revêtus d'un caractère national, ceux qui composent leur famille et leur suite, ne sont pas soumis aux lois civiles de le France, quoiqu'ils en habitent le territoire. La rédaction de l'article est donc en cela inexacte, il fallait exprimer ou du moins indiquer les exceptions » : Fenet, t. 6, p. 65 ; Locré, Législ., t. 1, p. 432. — Portalis, dans son discours au Corps législatif, dans la séance du 23 frimaire an X, a déclaré formellement le même principe en répondant aux critiques d'Andrieux. « On reproche de n'avoir pas parlé des ambassadeurs, de leur famille et de leur suite ; ce qui regarde les ambassadeurs appartient au droit des gens. Nous n'avions pas à nous en occuper dans une loi qui n'est que de régime intérieur.. » : Fenet, t. 6, p. 266 : Locré, Législ., t. 1, p. 478. — Enfin, Maleville fait observer qu'il n'y a d'exception à l'application de l'art. 3 que « pour les ambassadeurs à l'égard desquels on se conforme au droit des gens, et à ce qui est réglé par les traités » : Analyse du Code civil, t. 1, 12.

236. — Quoi qu'il en soit, en France, de la loi, il n'en est pas moins vrai que la jurisprudence consacre, par de constantes décisions, l'immunité des agents diplomatiques dont il est question. Voici les mouvements de la jurisprudence en cette matière : Banc de la Reine (Angleterre) 12-14 déc. 1885 (Journ. dr. intern. pr. 87. 203 ; Pand. franç. 87. 5. 21 ; Calvo, t. 3, n. 1487), — Trib. civ. Seine 24 juin 1836 (Droit 24 juin 1836), — 10 août 1855 (Gaz. Trib. 1er sept. 1855), — 29 nov. 1865, sous Paris 9 avril 1866 (S. 66. 2. 232), — 21 janv. 1875, sous Paris 30 juin 1878 (S. 77. 2. 17 ; P. 77. 105), — 31 juill. 1878 (Droit 18 août 1878 ; Journ. dr. intern. pr. 78. 500), — 29 sept. 1880 (Journ. dr. intern. pr. 81. 514), — 28 janv 1885 (Journ. dr. intern. pr. 85. 426), — 8 mars 1886 (Gaz. Pal. 86. 1. 556 ; Journ. dr. intern. pr. 86, 592), — Trib. civ. Boulogne-sur-Mer 8 avril 1886 (Loi du 2 mai 1886), — Paris 29 juin 1811 (S. 12, 2. 12, S. ch.), — 5 août 1813 (S. 14. 2. 306 ; D. A. 1. 330), Aix 14 août 1829 (S. 30. 2. 190 ; S. chr.), — Paris 14 janv. 1836 (Droit 15 janv. 1836), — 21 août 1841 (S. 41. 2. 592 ; P. 43. 1. 406 ; D. 42. 2. 97), — 14 août 1857 (Gaz. Trib. 15 août 1857), — 12 juill. 1867 (S. 68, 2. 201 ; P. 68. 815 ; D. 68. 2. 121, — Bordeaux 19 nov. 1882 (Journ. dr. intern. pr. 83. 619), — 21 nov, 1883 (Journ. dr. intern. pr. 83. 619), — Lyon 11 déc. 1883 (Gaz. Pal. 84. 1. 573 ; S. 84. 2. 80 ; P. 84. 1. 421 ; Journ. dr. intern. pr. 84. 56). — Paris 8 janvier 1886 (Gaz. Pal. 86. 1. 217).

237. — L'agent diplomatique, qui est de la nationalité du pays où il exerce ses fonctions, jouit-il, comme un agent diplomatique étranger au pays, de l'immunité de juridiction ? La question est controversée. Certains auteurs soumettent d'une façon générale l'agent diplomatique aux lois et aux tribunaux du pays : Bynkershoëck, chap. 11, cité par Merlin. sect. 5, § 2, n. 11. — Comp. : Slatin ; Journ. dr. intern. pr. 1884, p. 463 ; G.-F. de Martens, n. 216 ; Laurent, t. 3, p. 166. — Merlin pense que l'agent diplomatique doit jouir de la même indépendance pour sa personne que tout autre ministre public étranger, mais qu'il doit être soumis pour toutes les actions qui se rapportent aux biens, *loc. cit.* — La plupart des auteurs ne reconnaissent à l'agent diplomatique, sujet du pays où il réside, l'immunité de juridiction qu'autant qu'elle est nécessaire à l'exercice de ses fonctions. Il est soumis, dit Vattel, à la juridiction dans tout ce qui n'appartient pas directement à son ministère : Vattel, liv. IV, chap. 8, n. 112 ; Ch. de Martens, Guide dipl. § 28 ; Heffter, n. 202; Calvo. t. 3, n. 1497 ; Esperson, t. 1, n. 161 ; Neumann, n. 62. — Il y en a enfin qui ne font aucune distinction entre le ministre public qui est régnicole et le ministre public de nationalité étrangère : Wicquefort, sect. 11 et 27; Pinheiro-Ferreira, note sur de Martens, n. 216 ; Journ. dr. intern. pr. 1875, p. 891 ; Weiss, Dr. intern. pr., p. 889 ; Pradier-Fodéré, t. 3, n. 1449, 1462. — Cela aussi bien en matière criminelle qu'en matière civile.

238. — En France, il n'y a aucun texte législatif sur la question, mais la justice a eu à se prononcer dans un cas qui a eu beaucoup de retentissement. Il a été jugé qu'un ministre public de nationalité française qui représente auprès du gouvernement français un Etat étranger, jouit des immunités diplomatiques inhérentes à la fonction dont il est investi, et qu'il serait contraire au droit des gens et à l'indépendance des nations, que le représentant de l'une d'elles fût justiciable des tribunaux du pays où il représente un Etat souverain : Trib. civ. Seine 21 janv. 1875, précité, — Paris, 30 juin 1876, précité. — Demangeat, Joürn. dr. intern. pr. 1875, p. 87 ; Weiss, p. 889; Pradier-Fodéré, t. 3, n. 1449. — *Contrà* : Laurent, t. 3, p. 166 : — et que cette immunité d'un agent diplomatique de nationalité française accrédité en France par un gouvernement étranger s'étendait même aux actes qu'il aurait commis en dehors de ses fonctions officielles, comme personne privée. (Mêmes jugement et arrêt.)

239. — Lorsqu'un gouvernement a l'intention de charger d'une mission diplomatique près d'un Etat étranger un sujet de cet Etat, et lorsqu'il craint que cet agent, s'il ne jouit pas de l'immunité diplomatique, ne soit entravé dans l'accomplissement de sa mission, il peut d'abord essayer d'obtenir ce privilège du gouvernement étranger, et si celui-ci ne veut point renoncer à sa juridiction, retirer sa mission à la personne désignée : G. F. de Martens, n. 216.

240. — Si cependant il n'y a point de loi formelle réglant la question de savoir si le sujet d'un Etat accrédité près de cet Etat par un gouvernement étranger doit, malgré sa mission diplomatique, rester soumis aux tribunaux de sa patrie, et si d'ailleurs cette question n'a pas été expressément tranchée lors de l'envoi du ministre public, l'interprétation la plus favorable à l'immunité diplomatique doit prévaloir et le ministre public doit jouir de l'exemption de la juridiction locale : Slatin ; Journ. dr. intern. pr. 1884, p. 464 ; V. Vattel, liv. IV, ch. 8, § 112 ; Wheaton, Elém., p. 3, ch. 1, § 15 ; Phillimore, liv. 2, ch. 135.

241. — L'exemption de la juridiction locale des agents diplomatiques comprend l'exemption : 1° de la juridiction civile ; 2° de la juridiction répressive (criminelle, correctionnelle, de police) ; 3° de la juridiction gracieuse ou volontaire.

242. — A. Exemption de la juridiction civile. — L'exemption de la juridiction civile est plus contestable et plus contestée que celle de la juridiction répressive. Le caractère public de l'agent diplomatique ne justifie pas par lui-même son exemption absolue de la juridiction territoriale sans aucune exception. Au point de vue de la théorie, il serait sans doute facile d'élever des doutes relativement à la question de savoir si la pratique générale des Etats sur cette matière repose sur des convenances précaires ou sur la conviction d'une nécessité réelle ; si, en conséquence, il ne serait pas permis à chacun d'eux de s'éloigner des maximes actuelles sans porter atteinte aux droits des autres : Heffter, n. 215. — V. spécialem. contre l'immunité de la juridiction civile : Laurent, t. 3, n. 72 à 88.

243. — Les conséquences de l'immunité de juridiction civile sont les suivantes : Aucune action ne peut être intentée contre un ambassadeur devant les tribunaux de l'Etat auprès duquel il est accrédité ; une action quelconque est-elle portée devant un tribunal de cet Etat contre un ministre public, ce tribunal doit se déclarer incompétent dans l'affaire et s'en dessaisir, sans l'examiner au fond, à moins que celle-ci ne se prête à une procédure de conciliation : Pradier-Fodéré, Cours, t. 2, p. 125; Traité, t. 3, n, 1440; Slatin (Journ. dr. intern, pr. 1884, p. 338). — L'assignation faite à l'agent diplomatique est nulle.

244. — Il a été jugé que cette exception d'incompétence est d'ordre public ; qu'elle peut être invoquée en tout état ce cause, en appel comme en première instance : Trib. civ. Seine 8 mars 1886 (Gaz. Pal. 86. 1. 556; Journ. dr. intern. p. 1886, 592), — Paris 21 août 1841 (S. 41. 2. 592 ; P. 43. 1. 406; D. 42. 2. 97). — Il été jugé de plus que l'agent diplomatique ne pouvait renoncer à ses immunités ; que, par suite, l'exception d'incompétence ne pouvait être couverte par le consentement que celui-ci aurait donné à plaider devant le tribunal : Paris 21 août 1841 (ibid.) — Weiss, Dr. intern. pr., p. 889 ; — et que le ministère public peut, comme partie principale, interjeter appel pour sauvegarder le principe de l'immunité : V. Conclus. du min. publ. ; Paris 12 juill. 1867 (S. 68. 2. 201 et note conforme; P. 68. 815 ; D. 67. 2. 121). — Comp. cet arrêt de Paris. — La doctrine décide au contraire que l'agent diplomatique peut renoncer à son privilège pourvu qu'il soit autorisé par son souverain ou son gouvernement : Wicquefort, Mém. sur les ambass., p. 39 ; Vattel, l. IV, ch. 8, § 111; Bynkershoëck, ch. 23, § 7; Slatin, p. 465, *op. cit.* ; V. Pradier-Fodéré, Cours, t. 2, p. 136 ; Traité, t. 3, n. 1448; Merlin, sect. 5, § 4, art. 10, n. 2 ; Gerbaut, Compét. des tribunaux français à l'égard des étrangers, p: 234. — Un arrêt a été aussi rendu dans le sens de cette doctrine : Paris 14 août 1857 (Rev. crit. 1858, p. 132 et s.). — Des auteurs pensent même que l'agent diplomatiqne, pour renoncer à son privilège, peut se dispenser, tout au moins en matière civile, d'obtenir une autorisation : Villefort, Rev. crit. t. 12, p. 124. — Comp. : Neumann, § 62.

245. — Si les tribunaux locaux ne doivent accueillir aucune action contre un ambassadeur, il n'en résulte point que les citoyens de l'Etat où réside l'ambassadeur soient désarmés vis-à-vis de celui-ci. S'ils ne réussissent point à obtenir une satisfaction amiable, ils peuvent s'adresser au ministre des affaires étrangères pour que celui-ci engage l'ambassadeur à acquitter ses obligations. Si le ministre ne réussit point et s'il juge la réclamation fondée, il s'adressera sur la demande de la partie intéressée ou même d'office, au gouvernement de l'ambassadeur, pour qu'il soit enjoint à ce dernier d'exécuter ses obligations. Si cette tentative échoue encore, la partie lésée a la ressource de faire valoir ses droits devant les tribunaux du pays de l'ambassadeur : Pradier-Fodéré, Cours, t. 2, p. 125 ; Traité, t. 3, n. 1440 et 1441 ; Slatin, p. 339; Calvo, t. 3, n. 1509.

246. — Le demandeur qui voudra actionner l'agent diplomatique devant les tribunaux du pays que celui-ci représente, devra procéder comme s'il s'agissait d'un absent : Calvo, t. 3, n. 1509. — Le tribunal compétent sera celui de son dernier domicile : on devra se conformer au reste aux lois de procédure du pays.

247. — La législation de certains pays prévoit et autorise la poursuite d'un agent diplomatique accrédité à l'étranger devant les tribunaux de son pays. Ainsi, le Code de procédure civile allemand (30 janv. 1877), dans l'art. 16, dit : « Tout Allemand jouissant du privilège de l'exterritorialité ainsi que tout fonctionnaire et employé de l'Empire et d'un Etat de la confédération résidant à l'étranger, conservera au point de vue du statut de juridiction, le domicile qu'il avait dans son pays. A défaut d'un tel domicile, la capitale de son pays sera censée être son domicile. Si cette capitale est divisée en plusieurs arrondissements judiciaires, l'administration judiciaire déterminera par un règlement général dans quel arrondissement il sera considéré comme domicilié. » En l'absence d'Etat d'origine, les fonctionnaires établis à l'étranger sont, aux termes de la loi du 31 mars 1873 sur les fonctionnaires d'Empire, justiciables du Stadtgericht (aujourd'hui le Landgericht) de Berlin. — En Autriche : « Les fonctionnaires autrichiens au service de l'Autriche à l'étranger restent soumis à la même juridiction que pendant leur séjour en Autriche. Si l'on ne peut établir quelle était cette juridiction, ils sont réputés domiciliés à Vienne. » (Art. 27, règl. de juridic. civ. 20 nov. 1852).

248. — En France, quand il s'agit de poursuites qu'un Français veut exercer contre un agent diplomatique étranger, il doit se conformer, suivant l'opinion générale (V. *suprà*, n. 175), au décret de la Convention nationale du 13 ventôse an II d'après lequel toutes les réclamations qui pourraient s'élever contre ces agents devront être portées au Comité de salut public. Or, le ministre des affaires étrangères a remplacé le Comité de salut public, c'est lui qui est compétent pour recevoir ces réclamations. Le ministre des affaires étrangères saisi est seul juge des moyens à employer pour arriver à une solution : Pradier-Fodéré, t. 3, n. 1439, p. 351.

249. — Réciproquement, un agent diplomatique français accrédité à l'étranger pourra parfaitement être actionné, même par un étranger, devant les tribunaux de France, et cela en vertu de l'art. 15 C. civ. Le tribunal compétent sera celui de son domicile. En principe, l'agent diplomatique français qui se rend à l'étranger pour remplir sa mission ne change pas de domicile (art. 106 C. civ.); mais si, comme il en a le droit, il a manifesté l'intention contraire d'en changer, le tribunal compétent sera celui de son ancien domicile. Les règles édictées par les art. 59 et 420, C. pr. civ. seront, au surplus, applicables : Weiss, Dr. int. pr., p. 903. — L'étranger devra fournir la « caution judicatum solvi », à moins qu'il n'en soit dispensé par des traités internationaux.

250. — Pour que l'action puisse être valablement intentée, il ne sera pas nécessaire au demandeur d'obtenir au préalable une autorisation du gouvernement français pour exercer des poursuites. L'art. 75 de la constitution du 22 frimaire an VIII, n'imposait cette autorisation aux poursuivants que quand l'agent du gouvernement était poursuivi pour des faits relatifs à ses fonctions. Ce texte a du reste été abrogé par le décret du 19 septembre 1870.

251. — Si le principe de l'immunité juridictionnelle est admis par la grande majorité des auteurs, on est loin d'être d'accord sur son étendue et les conditions de son exercice. En tous cas, suivant Heffter, la juridiction civile de l'Etat sur le ministre étranger ne devra pas dépasser les limites dans lesquelles elle doit se renfermer à l'égard d'un étranger non domicilié. Et la règle naturelle du droit international s'oppose à tout acte de souveraineté, tant en matière judiciaire qu'en matière administrative, incompatible avec l'inviolabilité personnelle du ministre étranger et avec la dignité de l'Etat qu'il représente. Elle s'oppose notamment à tout acte de contrainte sur sa personne : Heffter, n. 205 et 215 ; Pradier-Fodéré, t. 3, n. 1429 et 1440.

252. — L'exemption de la juridiction civile dont jouit tout ministre public s'étend-elle aux actions relatives aux meubles ou autres effets lui appartenant? — Il faut faire une distinction entre les biens meubles, effets et autres qui appartiennent au ministre public, qui lui servent pour son usage personnel et celui de sa maison et qui lui sont nécessaires pour vivre avec dignité et tranquillité; et les meubles qu'il possède en dehors de son caractère public comme personne privée, qui ne lui sont pas nécessaires à l'exercice de ses fonctions et dont il fait, par exemple, trafic.

253. — Les biens meubles qui rentrent dans la première catégorie participent des immunités diplomatiques, les actions qui s'y rapportent ne sont pas de la compétence des tribunaux locaux. Ces biens sont attachés à la personne du ministre et en suivent le sort. Dans cette catégorie rentrent, par exemple, les effets d'habillement, les meubles meublants, la bibliothèque, les équipages, les provisions de bouche, vaisselle, batteries, etc. — V. Byn-kershoeck, ch. XVI, par. 3 et 4 ; Vattel, l. 4, ch. 8, § 113 ; G. F. de Martens, n. 217 ; Slatin, J. dr. intern. privé, p. 470 ; Pradier-Fodéré, t. 3, n. 1450.

254. — L'exemption de juridiction civile entraîne comme conséquence l'impossibilité de pratiquer sur ces meubles une saisie réelle, saisie-arrêt, saisie-gagerie : V. *suprà*, n. 219 et s. — et ce, même pour des dettes con-tractées avant ou pendant le cours de la mission. — Cer-tains auteurs cependant veulent que ces biens puissent faire l'objet d'une instance contre l'agent diplomatique qui lui a vendu, dès le moment où l'agent aura cessé ses fonc-tions et sans attendre son départ : Merlin, sect. 4, § 4, art. 8 ; Esperson, Dr. dipl. n. 182, t. 1. — *Contrà* : Pra-dier-Fodéré, t. 3, n. 1451. — Comp. : G. F. de Martens, n. 216 et 217.

255. — Quant aux biens meubles qui rentrent dans la seconde catégorie, la doctrine est divisée sur le point de savoir s'ils doivent ou non être soumis à la juridiction ter-ritoriale civile. — Dans une première opinion, ces biens doivent, comme ceux de la catégorie précédente, jouir de l'immunité en question en vertu de la maxime « mobilia sequuntur personam » : Slatin (Journ. dr. intern. pr. 1884, 466). — Dans une seconde opinion, on distingue entre les actions mobilières réelles et les actions mobilières person-nelles, et l'on n'applique l'exemption juridictionnelle qu'à la seconde espèce d'actions (§ 54 du règlement autrichien sur la juridiction civile, 20 nov. 1852.) — Dans une troi-sième opinion, tous ces biens sont indistinctement soumis aux lois et aux tribunaux locaux : Vattel. *loc. cit.* ; G. F. de Martens, *loc. cit.*; Pradier-Fodéré, *loc. cit.*

256. — Doivent rentrer dans la seconde catégorie, par exemple, les chevaux faisant partie d'un haras apparte-nant à un agent diplomatique qui s'adonnerait au sport, les tableaux d'une galerie qui ne ferait pas partie de l'hô-tel du ministre. les biens considérés comme meubles par la loi territoriale et qui feraient partie d'une propriété im-mobilière, comme une ferme. Ces biens sont possédés par l'agent diplomatique, non pas à titre officiel, mais simplement comme individu privé. Doivent encore rentrer dans cette catégorie les marchandises appartenant à un fonds de commerce exploité par l'agent diplomatique, les effets de commerce, valeurs, d'une société ou compagnie dans laquelle l'agent diplomatique a un intérêt de spéculation : Paris, 5 avril 1813 (S. 14. 2. 306; D. A. 1. 330), — 21 août 1841 (S. 41. 2. 592; P. 43. 1. 406; D. 42. 2. 97), — 12 juill. 1867 (S. 68. 2. 201.

257. — D'une façon générale, l'agent diplomatique qui, dans l'Etat étranger, s'engage dans des opérations juridiques qui n'ont aucune relation visible avec ses fonctions diplomatiques, est soumis à la juridiction locale relativement aux rapports de droit qui résultent de ces engagements. — Ainsi, non seulement l'agent diplomatique fait le commerce dans l'Etat étranger ou y est membre d'une société commerciale ; — mais encore dans le cas où l'agent diplomatique accepterait dans le pays de sa résidence la tutelle d'un mineur ; Slatin ; Journ. dr. intern. pr,, 1884, p. 467 ; Calvo, t. 3, n. 1509 ; Pradier-Fodéré. t. 3, n. 1445 ; — ... l'exécution d'un testament (exécuteur testamentaire) : G. F. de Martens, n, 217. — ... un arbitrage entre deux citoyens de l'Etat étranger : Slatin, p. 468 (art. 1009 C. pr. civ. fr.)

258. — En supposant un agent diplomatique qui fait le commerce, la sujétion à la juridiction locale ne concerne-t-elle que les meubles qui s'y rapportent ou bien l'agent diplomatique lui-même est-il personnellement justiciable des tribunaux à raison de son commerce ? Beaucoup d'auteurs soutiennent la négative et n'autorisent que les mesures exécutoires sur les biens, la saisie : Vattel, liv. IV, ch. 8, § 114; Merlin, sect. 5, § 4, art. 7. — D'autres admettent l'affirmative et veulent que le ministre public puisse être appelé personnellement à comparaître devant le juge. Seulement ils ne vont pas jusqu'à permettre la contrainte par corps : Vergé, sur Martens, n. 217 ; Pradier-Fodéré, t. 3, n. 1444, p. 359.

259. — Le lien juridique que créent la souscription,

l'endossement ou l'acceptation d'une lettre de change de la part d'un agent diplomatique, le soumet-il, par une sorte de renonciation à son immunité juridictionnelle, aux tribunaux locaux? On a soutenu l'affirmative : Pradier-Fodéré, t. 3, n. 1447. — V. Trib. civ, Seine 24 juin 1836; (Droit 24 juin 1836 ; Gaz. Trib. 26 juin 1836). — Mais la négative semble prévaloir : Ch. de Martens, Guide, t. 1, 64 ; Slatin ; Journ. dr. intern. p. 1884, pr. 465.

260. — Il est cependant généralement admis que la juridiction civile territoriale est compétente lorsqu'il s'agit de connaître d'actions réelles relatives à des biens immobiliers appartenant au ministre public et situés sur le territoire de l'Etat auprès duquel il est accrédité : Vattel, liv. IV, ch. 8, § 115 ; G. F. de Martens, n. 217 ; Merlin, sect. 5, § 4, art. 6, 8 ; Wheaton, t. 1, p. 2, ch. 3, § 18 ; Guichard, n. 233 ; Paillet, n. 13 ; Bluntschli, règle 140 ; Slatin, Clunet, 1884, p. 466 ; Weiss, p. 890 ; Pradier-Fodéré, t. 3, n, 1443 ; — et spécialement que c'est le tribunal de la situation du lieu qui doit connaître des actions en revendication, des actions relatives à l'usufruit, aux servitudes. Il pourra prononcer des saisies, l'expropriation. La sentence du tribunal pourra emporter hypothèque, etc.

261. — Les actions relatives au contrat de louage soumettent-elles l'agent diplomatique à la juridiction locale ? — V. pour l'affirmative : Slatin, p. 468 ; — pour la négative : Beauchet, note sur Slatin, id.

262. — Les fruits, revenus, etc., de ces immeubles sont soumis aux mêmes règles : Pradier-Fodéré, t. 3, n. 1443. — V. aussi Dalloz, v° Ag. diplom., n. 115 ; Ch. Vergé sur G. F. de Martens, n. 217. — Il faut excepter, cependant, parmi les immeubles appartenant à l'agent diplomatique et soumis à la juridiction territoriale, l'hôtel qui lui sert d'habitation en sa qualité officielle : Mêmes auteurs.

263. — En France, l'art. 3, C. civ. soumet en ces termes les biens immeubles appartenant à un ministre public, aux lois et à la juridiction française : « Les immeubles, même ceux possédés par des étrangers, sont régis

par la loi française (alinéa 2) » : Pradier-Fodéré, t. 3,
n. 1443 ; Slatin ; Journ. dr. intern. pr. 1884, p. 466. —
En Allemagne, il faut se rapporter au § 20 de la loi d'organisation judiciaire du 27 janv. 1877 ; — et en Autriche, au § 52 du règlement sur la juridiction civile du
20 nov. 1852.

264. — Suivant M. Slatin, il est impossible de prononcer la faillite d'un agent diplomatique en tant que cette
mesure est un acte de juridiction personnelle. Il faudrait
excepter le cas où les lois du pays autoriseraient une faillite partielle pour les immeubles possédés par l'agent diplomatique ; celui-ci ne pourrait point alors empêcher
l'ouverture de la faillite en invoquant son immunité personnelle : Journ. dr. intern. pr. 1884, p. 472.

265. — Un agent diplomatique qui a renoncé à se prévaloir de son privilège doit accepter toutes les conséquences de sa renonciation. Cette renonciation à l'immunité, cette soumission à la juridiction civile du pays de
la résidence, peut être expresse ou tacite. La soumission
expresse de l'agent diplomatique à la juridiction civile locale peut résulter d'une déclaration écrite ou verbale en
vertu de laquelle l'agent diplomatique renonce à se prévaloir dans tout le cours de l'instance, comme dans toute la
procédure postérieure, qui sera la conséquence de la décision qui sera intervenue, de son privilège d'exemption de
l'autorité judiciaire locale. La soumission tacite de l'agent
diplomatique à la juridiction locale peut résulter de faits
accomplis par l'agent qui impliquent de sa part ou entraînent nécessairement renonciation à son privilège. Il en est
ainsi lorsque l'ambassadeur s'est porté demandeur devant
les tribunaux de l'Etat auprès duquel il est accrédité et a
succombé dans sa demande, en pareil cas, il ne peut plus
décliner postérieurement la compétence de la juridiction
locale ; bien plus, il doit se soumettre au jugement qu'il a
lui-même provoqué et en accepter les conséquences ; il
doit aussi plaider devant ce tribunal sur les difficultés qui
peuvent s'élever relativement aux frais de l'instance : Merlin, sect. 5, § 4, art. 10, n. 1 ; G. F. de Martens, § 216 ;

Fœlix, n. 190; Calvo, t. 3, n. 1509; Slatin; Journ. dr. intern. pr. 1884, p. 464; Weiss., p. 890; Pradier-Fodéré, t. 3, n. 1446.

266. — Dans les cas où le ministre public est justiciable des tribunaux locaux, dans quelle forme les exploits doivent-ils lui être signifiés? Les opinions sont très partagées : 1° l'exploit doit être signifié à l'agent diplomatique en son hôtel, si celui-ci s'est soumis à la juridiction locale. Il doit être signifié par voie diplomatique dans le cas contraire : Trib. civ. Seine 28 janv. 1885 (Journ. dr. intern. pr. 1885, p. 426) ;— 2° la signification doit être faite à personne, mais hors de l'hôtel du ministre ou au parquet du procureur de la République : Pigeau, Comm. sur l'art. 59 C. pr. civ., t. 1, 198 ; — 3° l'assignation faite à l'hôtel du ministre en parlant au suisse est valable : Bioche et Goujet, Dict. de proc., v° Min. publ.; — 4° pour que la signification soit valable, elle doit être faite par la voie diplomatique, conformément au § 9, art. 69 C. pr. civ. : le ministre public étant considéré, en vertu de la fiction de l'exterritorialité, comme n'habitant pas le territoire, on doit employer les formes prescrites pour l'assignation de personnes résidant à l'étranger. L'assignation sera laissée au parquet du procureur de la République près le Tribunal où devra être portée la demande ou qui en est déjà saisi, qui en enverra copie au ministre des affaires étrangères : Arrêt du parlement de Paris, 20 juin 1729 (arch. judic. de Terrasse), rapp. par Merlin, sec. 5,§ 4, art. 3, — Trib. civ. Seine, 21 janv. 1875, sous Paris, 30 juin 1876 (Journ. dr. intern. p. 1875, p. 90; S. 77. 2. 17 ; P. 77. 105). — Legat, Code des étrangers, p. 10 ; Vincent et Penaud, Dict. dr. int. pr., v° Agent dipl. n. 19 ; Pradier-Fodéré, Cours, t, 2, p. 156; Traité, t. 3, n. 1445.

267. — Au reste on doit, dans la procédure suivie au cours de l'instance et dans la rédaction des actes, observer quant à la forme la courtoisie due à la haute situation de l'agent diplomatique et à sa dignité, autant que cela sera compatible avec les lois du pays : Slatin, p. 470.

268. — L'immunité de juridiction civile s'oppose-telle à ce qu'un tribunal du pays où le ministre public est accrédité commette un huissier pour lui notifier un jugement? Met-elle obstacle à l'exécution de simples mesures conservatoires du droit des tiers? Il n'apparaît pas que l'immunité de la juridiction civile puisse s'opposer à ce qu'un huissier soit commis pour notifier aux ministres publics un jugement rendu par un tribunal du pays où il est accrédité. Une pareille notification ne peut être considérée, en effet, comme un acte de juridiction : c'est une simple information authentique, qui ne saurait nuire au but de la mission de l'agent étranger et entraver l'exercice de ses fonctions. Quant à la partie de la signification qui contient une réquisition d'avoir à exécuter, il faut l'exclure comme incompatible avec le caractère de la personne diplomatique et avec le principe de la souveraineté : Pradier-Fodéré, Cours, t. 2, p. 152 ; Traité, t. 3, n. 1453 ; Slatin, p. 471. — L'agent diplomatique pourrait demander que cette signification ne soit pas faite par un huissier mais par voie diplomatique : Slatin, *loc. cit.*

269. — La même solution doit être admise pour les actes conservatoires. Un protêt peut être fait dans l'hôtel du ministre, mais, suivant M. Slatin, avec l'adjonction d'un représentant du ministre des affaires étrangères : Pradier-Fodéré, t. 3, n. 1454 ; Slatin, *loc. cit.* — Il a été cependant jugé qu'une saisie-arrêt ne pouvait être autorisée sur des deniers dus à un agent diplomatique, en vue de garantir la conservation des droits de la femme de cet agent diplomatique, demanderesse en séparation de corps : Trib. civ. Seine 29 sept. 1880 (Journ. dr. intern. pr. 81. 514). V. *infrà* n. 273. — Par contre, l'agent diplomatique peut se refuser à recevoir les significations judiciaires qui entraînent des conséquences juridiques en tant que ces actes ne sont point accomplis dans des hypothèses où l'immunité n'existe pas : Slatin, *loc. cit.*

270. — L'état de la jurisprudence française, en ce qui concerne l'étendue de l'immunité de juridiction civile de l'agent diplomatique, diffère profondément de l'état de la doctrine ci-dessus exposée. Elle décide que tout agent diplomatique jouit de cette immunité et peut s'en prévaloir dans toutes actions intentées contre eux et se rapportant : 1° à des actes ou obligations rentrant dans l'exercice de leurs fonctions : Trib. civ. Seine 31 juill. 78 (Journ. dr. ntern, pr. 1878. 500), — Paris 20 juin 1811 (S. 12. 2. 12 ; S. chr., D. A. 1. 330), — 12 juill. 1867 (S. 68. 2. 201 ; P. 68. 857 ; D. 68. 2, 121). — Ainsi, il a été jugé que le tribunal est incompétent au sujet d'un billet à ordre souscrit en paiement de marchandises d'épiceries achetées pour l'usage de l'hôtel de l'ambassade : Paris 29 juin 1811, précité.

271. — ... 2° à des actes ou obligations étrangers à l'exercice de leurs fonctions : Trib. civ. Seine 21 janv. 1875, sous Paris 30 juin 1876 (S. 77. 2. 17 ; P. 77, 1. 105), — 29 sept. 1880 (Journ. dr. intern. pr. 81. 514), — Paris 5 avril 1813 (S. 14. 2. 306 ; S. chr., S. c. n. 4. 2. 286 ; D. A. 1. 330), — 14 janv. 1836 (Droit 15 juin 1836), — 21 août 1841 (S. 41. 2. 592 ; P. 43. 1. 406 ; D. 42. 2. 97), — Lyon 11 déc. 1883 (Gaz. Pal. 84. 1. 573 ; S. 84. 2. 80 ; P. 84. 1. 421 ; Journ. dr. intern. pr. 84. 56). — *Contrà* : Trib. civ. Seine 24 juin 1836 (Droit 24 juin 1836 ; Gaz. Trib. 26 juin 1836 ; 15 janv. 1867, sous Paris 12 juill. 1867 (S. 68. 2. 201. ; P. 68. 815 ; D. 68. 2. 121), Bordeaux, 21 nov. 1883 (Journ. dr. intern. pr. 83. 619) ; — notamment les actions relatives à l'état des personnes : Paris 14 août 1857 (Gaz. Trib. 10 juill., 15 août 1857).

272. — Il a été jugé à cet égard que le tribunal était incompétent, par la qualité seule de l'agent diplomatique, pour connaître d'une action intentée contre lui, comme personne privée, action relative à une vente de marchandises faites à des négociants : Paris, 5 avril 1813, 21 août 1841, précités ; — ainsi que d'une action en paiement d'une dette contractée pendant la mission : Paris, 14 janv. 1836, précité ; — ... d'une action en règlement de travaux exécutés dans une propriété privée d'un agent diplomatique : Trib. civ. Lyon, infirmé par l'arrêt de Lyon 11 déc. 1883, précité ; — ... d'une action en remboursement du montant de souscriptions d'un emprunt émis par un gouvernement étranger que le ministre public de ce gouvernement était chargé de surveiller : Trib. civ. Seine, 21 janv. 1875, sous Paris 30 juin 1876, précité.

273. — Quant aux actions relatives à l'état des personnes, le tribunal est compétent pour connaître d'une demande en séparation de corps intentée par la femme contre son mari agent diplomatique d'une puissance étrangère : Paris 14 août 1857, précité ; — ... d'une demande en nomination d'un administrateur judiciaire chargé de conserver les droits de la femme demanderesse en séparation de corps (Ibid.) ; — ... d'une demande en saisie-arrêt sur des deniers dus à un agent diplomatique pour la conservation des droits de sa femme demanderesse aux mêmes fins : Trib. civ. Seine, 29 sept. 1880, précité. — En sens contraire, il a été jugé que le représentant officiel d'un gouvernement étranger près d'une exposition industrielle française, s'il est en même temps le représentant salarié des exposants de même nationalité, est par la-même justiciable des tribunaux français et ne peut prétendre à aucune immunité : Bordeaux, 21 nov. 1883, précité.

274. — ...3° à des actes de commerce ou à des obligations commerciales : Paris, 3 avril 1813 ; 21 août 1841, précités, — Bordeaux 21 nov. 1883, précité. — Comp. : Paris 12 juill. 1867 (S. 68. 2. 201 ; P. 68. 815 ; D. 68. 2. 121). — *Contrà* : Trib. com. Seine 24 juin 1836 ; 15 janv. 1867, sous Paris 12 juill. 1867, précités. — Spécialement et en sens contraire, le tribunal de la Seine, le 24 juin 1836, a condamné un attaché d'ambassade au paiement de plusieurs lettres de change qui avaient été tirées sur lui et l'avaient même déclaré contraignable par corps.

275. — B. EXEMPTION DE LA JURIDICTION RÉPRESSIVE. — Depuis Grotius, il est généralement admis, en doctrine et surtout dans la pratique générale des États que les agents diplomatiques sont exempts de la juridiction répressive (criminelle, correctionnelle, de police) : Grotius, l. 2. ch 18, § 4 ; Bynkershoëck, ch. 17, 19, 24 ; Barbeyrac, son annotateur ; Vattel, liv. IV, ch. 7, n. 93 à 101 ; G. F. de Martens, n. 218; Merlin, Répert. v° Min. publ., sect. 5, § 4, art. 11; Ch. de Martens, Guide, t. 1, p. 97 et s.; Wheaton, p. 170; Heffter, n. 214; Calvo, t. 3, n. 1511; Slatin; Journ. dr. intern. pr., 1884; Pradier-Fodéré, t. 3, n. 1460.

276. — Beaucoup d'auteurs ont combattu ce principe qui, suivant eux, n'est pas fondé en droit: V. les auteurs cités par Faustin-Hélie, t. 2, n. 648, cités aussi par Merlin, *loc. cit.* — Des auteurs contemporains soutiennent aussi la même thèse, celle de la soumission de l'agent diplomatique à la juridiction répressive locale : Pinheiro-Ferreira, note sur G. F. de Martens, édit. Vergé, n. 218 sur Vattel, n. 92 à 103; Borsari, De l'act. publ., ch. 4, § 35; Casanova, Du dr. intern., leç. 13; Pasquale-Fiore, Dr. pen. intern., t. 1, n. 23, 35; Esperson, Dr. diplom., n. 206, 207, 243 et s., 249, 250; Laurent, Dr. civ. int., t. 3, p. 169 et s.

277. — Parmi les auteurs qui exemptent les agents diplomatiques de la juridiction répressive territoriale, il y en a qui font exception pour les crimes contre la chose publique (crimes attentatoires à la sûreté de l'Etat, complots politiques, attentat à la vie du chef de l'Etat); ils mettent cette condition toutefois que le crime ait eu lieu avec violence, voies de fait, les armes à la main : Bynkershoëck et Barbeyrac, *loc. cit.;* Vattel, § 97 à 100; Merlin, *loc. cit.;* Kluber, § 211; de Réal, Science du gouvern., t. 5, ch. 1, sect. 9, n. 15 et s.

278. — La pratique des Etats et la jurisprudence consacrent d'une façon constante l'immunité de l'agent diplomatique à l'égard de la juridiction répressive locale. En France, cette immunité est reconnue et garantie par le décret du 13 ventôse an II : Merlin, *loc. cit.*, art. 11 in fine; Pradier-Fodéré, t. 3, n. 1461 et Cours, t. 2, p. 164 à 179.

279. — Mais, si l'Etat auprès duquel est accrédité un ministre public reconnaît, en fait, ce ministre comme entièrement indépendant de ses tribunaux répressifs, il n'en résulte pas, au profit de celui-ci et en raison de cette immunité, le droit de commettre impunément des actes illicites. Vattel dit : « Le ministre étranger est indépendant, mais il n'a pas le droit de faire ce qu'il lui plaît » : Bynkershoëck, ch. 16, § 16 : Vattel, *loc. cit.* , § 93 ; Heffter, n. 214 ; Slatin, p. 476. — Ainsi, tout individu menacé par un agent diplomatique peut user envers lui de tous les moyens de défense : Bynkershoëck, *loc. cit.*, Merlin, *loc. cit.*, Quest. prem.; Heffter, *loc. cit.* — En France, toute plainte de la part d'un particulier contre un agent diplomatique doit être adressée au ministère des affaires étrangères (Décr. 13 vent. an II).

280. — Les autorités du pays de la résidence du ministre peuvent prendre toutes les mesures pour prévenir les infractions et faire respecter les lois : mêmes auteurs ; Vattel, *loc. cit.* § 99. — Ainsi, le gouvernement auprès duquel est accrédité un ministre public, qui a commis un acte illicite et enfreint la loi pénale, a le droit de prendre les mesures propres à sauvegarder ses intérêts et à faire disparaître le mauvais exemple. — Ces mesures doivent être prises avec tous les égards dus à la fonction du ministre. Elles ne peuvent pas être décrétées par des fonctionnaires inférieurs, mais par les autorités suprêmes. Il faut d'ailleurs suivre dans toute la procédure la voie diplomatique : Heffter, Slatin, *lo.c cit.;* Pradier-Fodéré, t. 3, n. 1458.

281. — Les mesures à prendre contre un agent diplomatique qui a commis un acte illicite et passible d'une peine, sont 1° en cas d'infractions légères, soit un avertissement confidentiel fait directement au ministre public, soit un refus d'audience ou des communications diplomatiques habituelles, soit enfin une plainte adressée au gouvernement représenté par le ministre ; 2° en cas d'infractions plus graves, une demande de rappel et de satisfaction faite au gouvernement étranger, soit, en cas de refus de celui-ci, l'expulsion du ministre public ; 3° enfin en cas d'infractions plus considérables (attentats contre la sûreté de l'Etat, attentat contre le souverain, conspirations, crimes de haute trahison), le gouvernement peut surveiller l'agent, l'arrêter et le détenir jusqu'à ce que satisfaction lui soit donnée. En pareille hypothèse, l'Etat représenté devrait être averti, quand bien même l'agent coupable serait de la nationalité du pays auprès duquel il est accrédité : Vattel, *loc. cit.*, n. 94 et s., G. F. de Martens, n. 218 ; Heffter, *loc. cit.*; Calvo, t. 3, n. 1511 ; Slatin, *loc. cit.*; Pradier-Fodéré, t. 3, n. 1458, 1460.

282. — Un ministre public, poursuivi comme auteur d'une infraction à la loi pénale, ne peut renoncer à son privilège d'indépendance sans l'autorisation de son gouvernement. Mais il pourra être poursuivi sans qu'il soit besoin d'une autorisation quand il aura quitté son poste : Calvo, t. 3, n. 1511 ; Pradier-Fodéré, t. 3, n. 1460.

283. — Si un agent diplomatique, dans le pays où il est accrédité, jouit du privilège de l'immunité de juridiction répressive pour les infractions à la loi pénale qu'il aurait commises sur le territoire de ce pays, il n'en est pas moins justiciable des tribunaux du pays auquel il appartient et qu'il représente, si les lois pénales de ce pays punissent les infractions commises sur le territoire étranger : Pradier-Fodéré, Cours, t. 2, p. 187 ; Tr., t. 3, n. 1466.

284. — Ainsi, en France, d'après l'art. 5 C. inst. crim., modifié par la loi de 1866 : « Tout Français, qui, hors du territoire de la France, s'est rendu coupable d'un crime puni par une loi française, peut être poursuivi et jugé en France (al. 1er). — Tout Français qui, hors du territoire de France, s'est rendu coupable d'un fait qualifié délit par la loi française, peut-être poursuivi et jugé en France, si le fait est puni par la législation du pays où il a été commis (al. 2) ». — Le texte dit : « Tout Français » sans distinction, et par conséquent les agents diplomatiques comme les autres. Par suite, un agent diplomatique français qui se serait rendu coupable, dans le pays où il se trouve accrédité, d'un crime ou d'un délit punissable par la loi pénale du pays étranger et en même temps par la loi pénale française, serait passible des peines que celle-ci prononce et justiciable des tribunaux français : Pradier-Fodéré, Cours, t. 2, p. 187, n. 1 ; Tr., t. 3, n. 1466.

285. — En cas de délit commis contre un particulier français ou étranger, la poursuite ne peut être intentée qu'à la réquisition du ministère public ; elle doit être précédée d'une plainte de la partie offensée ou d'une dénonciation officielle à l'autorité française par l'autorité du pays où le délit a été commis (art. 5, al. 4). La plainte ou la dénonciation doivent avoir lieu par voie diplomatique et par l'intermédiaire du ministre des affaires étrangères.

286. — Aucune poursuite n'a lieu avant le retour de l'inculpé en France, si ce n'est pour les crimes énoncés en l'art. 7 (art. 5, al. 5). — L'art. 7 énonce : les crimes attentatoires à la sûreté de l'État, de contrefaçon du sceau de l'État, de monnaies nationales ayant cours, de papiers nationaux, de billets de banque autorisés par la loi. — Pour la répression des crimes énumérés dans cet article 7, le retour du Français en France n'est pas nécessaire. Le gouvernement français a la faculté de demander au gouvernement étranger l'extradition du coupable. Dans l'hypothèse d'un agent diplomatique coupable d'un de ces crimes, le gouvernement français qui demanderait l'extradition de son agent, le dépouillerait d'abord de son caractère public ; et alors l'inculpé rentrerait dans le droit commun.

287. — Tout agent diplomatique jouit de l'exemption de la juridiction de police. Cette règle ne signifie pas qu'il soit affranchi de l'observation des règlements de police auxquels les nationaux et les étrangers séjournant dans le pays seraient tenus de se conformer : tels seraient les règlements relatifs à la circulation des voitures, à l'éclairage, au passage sur un pont, près d'un magasin à poudre, etc. : Heffter, n. 215 ; Pradier-Fodéré, Cours, t. 2, p. 99 ; Tr., t. 3, n. 1427 — L'exemption de la juridiction de police empêche qu'un agent diplomatique qui aurait commis une contravention de police ne puisse être poursuivi judiciairement, condamné et astreint à payer une amende ou à subir un emprisonnement.

288. — La police a le droit d'intervenir pour prévenir les conséquences préjudiciables d'une infraction aux règlements, et le gouvernement auprès duquel l'agent diplomatique est accrédité, a le droit de lui donner un avertissement par la voie diplomatique ou d'envoyer une plainte au gouvernement étranger : Vattel, n. 93 ; Merlin, *loc, cit.* ; Heffter, *loc. cit.* ; Pradier-Fodéré, *loc cit.*

289. — C. JURIDICTION CIVILE GRACIEUSE. — Sur la question de savoir si un ministre public peut se servir des autorités et des notaires du pays où il est accrédité, on fait une distinction. On distingue si, dans l'affaire dont il s'agit, l'autorité ou le notaire sont uniquement au choix des particuliers : par exemple pour authentiquer une déclaration, pour recevoir le dépôt d'un testament, etc. ; ou si l'affaire est exclusivement du ressort d'une certaine autorité constituée : par exemple, les appositions de scellés en cas de décès, les confections d'inventaires, la constitution d'un tuteur, etc. Dans le premier cas, comme le choix des particuliers est libre, on admet facilement que le ministre public pourra volontairement recourir au ministère d'une autorité ou d'un notaire du pays où il est accrédité ; mais, dans le second cas, il subirait l'empire d'une souveraineté étrangère, s'il s'adressait aux autorités obligatoirement désignées par la loi du pays où il remplit sa mission : Pradier-Fodéré, t. 3, n. 1455 ; Neumann, § 62. — Comp. : Slatin, p. 474, 475.

290. Les personnes de la suite du ministre public bénéficient-elles du privilège de l'indépendance de la juridiction territoriale ? — Il faut distinguer entre la suite officielle et la suite non officielle. — Les personnes faisant partie de la suite officielle du ministre public (V. *suprà*, n. 57 et s.) jouissent, suivant l'opinion commune, du privilège de l'exemption juridictionnelle accordée au chef de la mission tant en matière criminelle qu'en matière civile : Vattel, liv IV, chap. 9. § 120 ; G.-F. de Martens, § 235 à 237 ; Merlin, sect. 6, n. 2 ; Heffter, n. 221 ; Slatin, Journ. dr. intern. pr. 84, p. 473 ; Pradier-Fodéré, t. 3, n. 1457, 1467.

291. — Quant aux personnes de la suite non-officielle (V *suprà*, n. 63), la doctrine est indivisée sur la question de savoir si pareille immunité doit leur être reconnue. Suivant certains auteurs il n'y a pas lieu de faire une différence entre ces deux catégories de personnes : tous participent aux immunités des agents diplomatiques : Vattel, *loc cit.*, n. 120 à 123 ; Bynkershoëck, chap. 15 ; G. F. de Martens, n. 237 ; Merlin, *loc. cit.*, et n. 3 ; Heffter, *loc. cit.* — D'autres distinguent suivant que ceux qui en font partie sont ou non sujets de l'État de l'agent diplomatique. Dans le premier cas, ils ne sont soumis qu'à la juridiction de leur patrie aussi longtemps qu'ils restent au service de l'ambassadeur. Dans le second, c'est-à-dire quand ils n'ont pas la même patrie que leur maître, il faudra encore distinguer s'ils appartiennent à l'État auprès duquel l'ambassadeur est accrédité, ils sont soumis en toute hypothèse aux tribunaux ordinaires de leur pays ; s'ils appartiennent à une tierce puissance, ils ne sont soumis aux tribunaux locaux que dans le cas où un étranger absent pourrait être actionné devant ces tribunaux ; dans les autres hypothèses, ils restent soumis à la juridiction de leur pays : Villefort, Rev. crit., 1858, t. 12, p. 149, 159 ; Slatin, *loc. cit.*, p. 473 ; Autriche, Décr. impér., 7 fév. 1834. — Comp. : Barbeyrac sur Bynkershoëck, ch. 15, n. 5. — *Contrà :* Heffter, *loc. cit.* — Dans une troisième opinion on conteste aux gens de la suite non officielle du ministre public tout droit à l'exemption de la juridiction territoriale tant civile que criminelle : Fiore, Dr. pén. intern., t. 1, p. 22 ; Esperson, Dr. intern. pr., t. 1, n. 292, 294 ; Laurent, t. 3, p. 163 et s. ; Pradier-Fodéré, t. 3, n. 1457.

292. — En tout cas, si les tribunaux répressifs du lieu où un crime ou un délit a été commis par une personne de la suite du ministre public, ne peuvent prononcer un jugement contre le coupable, on ne saurait leur refuser le droit d'en suivre l'instruction ; car aucun privilège ne peut priver la partie offensée du droit de faire procéder aux informations sur les lieux, par les autorités locales auxquelles la loi commune en défère le pouvoir, et qui ont qualité pour faire comparaître toutes les personnes dont

les dépositions seraient nécessaires à l'enquête, en tant
que ces actes ne compromettent pas réellement les intérêts politiques de la nation à laquelle appartient l'inculpé.
Cette enquête est indispensable pour fournir au plaignant
les moyens de justifier sa demande devant les autorités
étrangères : Calvo, t. 3, n. 1540 ; Pradier-Fodéré, t. 3,

293 — Les autorités du pays ont toujours le droit de
faire arrêter provisoirement les personnes appartenant à
une mission et qui sont prises en flagrant délit ; seulement elles doivent porter de suite ce fait à la connaissance du chef de la mission et mettre la personne arrêtée
à la disposition de celui-ci : Pradier-Fodéré, t. 3, n. 1471.

294. — Au reste, le chef de la mission peut renoncer
pour les personnes composant sa suite non officielle ac-
tionnée devant un tribunal ou poursuivie par un tribunal
répressif à l'immunité qui leur est reconnue : Cass.
11 juin 1852 (S. 52. 1. 467). Bluntschli, règle 149 ; Pradier-
Fodéré, Cours, t. 2, p. 163 et 188 ; Traité, t. 3, n. 1457,
p. 375, n. 1471, p. 392 ; Slatin, *loc. cit.*, p. 474. — Quant
aux personnes composant la suite officielle de l'agent diplomatique, la question est controversée ; d'après Slatin,
loc. cit., l'agent diplomatique peut renoncer pour eux à
leur immunité ; d'après Pradier-Fodéré, t. 3, n. 1457,
1467, il ne le peut pas. — Mais toutes ces personnes ne
peuvent y renoncer elles-mêmes sans l'autorisation du
chef de la mission : Slatin, *loc. cit.*

295. — Les auteurs sont unanimes pour accorder à la
femme et même aux enfants du ministre public la même
immunité qu'à lui : Vattel, l. 4, ch. 9, n. 121 ; G. F. de Martens, n. 234 ; Heffter, n. 221 ; Slatin, *loc. cit.*, p. 473 ; Pradier-Fodéré, t. 3, n. 1457. — En France la jurisprudence
décide que l'immunité juridictionnelle peut être invoquée
par le secrétaire de l'ambassade ou de légation : Paris,
14 janv. 1836 (Droit 15 janv. 1836), — les conseillers d'ambassade : Paris 14 août 1857 (Gaz. Trib. 15 août 1857), —
12 juill. 1867 (S. 68. 2. 201 ; P. 68. 815 ; D. 68. 2. 121), —
les attachés : V. Angleterre, Banc de la reine, 12, 14 déc.
1885 ; (Jour. dr. intern. p. 87, 203 ; Pand. franç. 87. 5.

21.) — Trib. civ. Seine 24 juin 1836 (Droit 24 juin 1836 ; Gaz. Trib. 26 juin 1836), — 10 août 1855. (Gaz Trib: 1er sept. 1855). — Paris 9 avril 1866 (S. 66. 2. 232), — les attachés militaires : Trib. civ. Seine 31 juill. 1878 (Journ. dr. intern. pr. 78, 500), — un second interprète d'ambassade : Paris 29 juin 1811 (S. 12. 2. 12 ; S. chr. ; S. c. n. 3. 2. 514 ; D. A. 1. 330).

296. — Il a été jugé que les immunités diplomatiques n'appartiennent qu'à la personne des ambassadeurs et autres envoyés comme représentant le souverain de leur pays, mais non pas à des personnes se prétendant attachées à une légation, mais ne remplissant aucune mission diplomatique : Trib. civ. Seine 29 nov. 1865, sous Paris 9 avril 1866 (S. 66. 2. 232). — Pradier-Fodéré, t. 3, n. 1468.

297. — Les immunités dont jouissent les personnes de la suite officielle de la mission s'appliquent à leurs femmes et à leurs enfants : Trib. civ. Seine 31 juill. 1878 (Journ. dr. intern. pr. 78, 50.

SECT. VI. — EXEMPTION DES DROITS, TAXES, IMPOTS VISITES.

298. — Les agents diplomatiques sont, en principe, exempts des impôts où contributions, taxes, droits, etc. Ces exemptions ne reposent pas sur la nécessité ou le caractère des agents diplomatiques, mais sur des conventions, des raisons d'hospitalité ou de réciprocité. Elles reposent, pour certaines d'entre elles, sur leur qualité d'étrangers, non domiciliés dans le pays, ni même y résidant comme un étranger ordinaire ; Merlin, Répert., v° Min. publ., sect. 5, § 5, n. 2 ; Heffter, n. 217 ; Pradier-Fodéré, t. 3, n. 1399. — Aussi n'y a-t-il pas, sur ce sujet, de règles fixes, mais des usages particuliers ou des lois spéciales à chaque pays.

299. — Dans la pratique générale des États, les ministres publics et les gens de leur suite ne sont pas tenus d'acquitter l'impôt personnel ; les taxes somptuaires :

Merlin, Rép., v° Min. publ., sect. 5 §5, n. 2 ; Ch. de Martens, Guide diplom., § 32 ; — l'impôt sur le capital et le revenu : Pradier-Fodéré. t. 3. n. 1403 ; les logements militaires, les décimes de guerre : Pradier-Fodéré, t. 3, n. 1402-1404.

300. — En théorie, ils devraient être tenus de payer l'impôt foncier. Dans la pratique, on les en exempte à raison de l'hôtel qu'ils occupent en leur qualité de ministres publics. Ils devraient aussi supporter toutes les contributions indirectes. En fait, on les exempte également, en vertu d'anciens usages, des droits d'entrée (droit de douane), pour les objets destinés à leur usage. Mais les abus auxquels a donné et peut encore donner lieu l'exemption des droits d'entrée mettent les ministres publics dans l'obligation de subir la visite, à la frontière, des objets qu'ils font venir de l'étranger. Ce droit de visite ne va pas, cependant, jusqu'à permettre l'entrée des agents de la douane dans l'hôtel ou la voiture de l'ambassadeur : Heffter, n. 217 ; Ch. de Martens, Guide dipl., § 32. — En ce qui concerne leurs bagages personnels, les agents diplomatiques sont exempts presque partout de toute visite : Ch. de Martens, *op. cit.*

301. — Dans la pratique moderne, on accorde généralement aux agents diplomatiques un délai de plusieurs mois pour faire venir de l'étranger en franchise de droits tous les objets nécessaires à leur établissement. Il leur est même ouvert, dans certains pays, un crédit annuel pour les besoins journaliers, et lorsque la somme de ce crédit est épuisée, les ministres publics doivent, à la rigueur, payer l'excédent conformément au tarif ; mais aucun gouvernement n'insiste, à moins qu'il n'y ait abus manifeste. Quelques gouvernements allouent à leurs ministres à l'étranger, à titre d'indemnité, et selon leur rang, une somme déterminée, soit une fois payée, soit annuelle, représentative des droits de douane qu'ils auraient à acquitter : Ch. de Martens, Guide dipl., t. 1, p. 112 ; Pradier-Fodéré, Cours, t. 2, p. 54, 66, note 1 ; Traité, t. 3, n. 1495.

302. — L'exemption des impôts, taxes, etc., accordée au ministre public à raison de sa qualité, ne s'étend pas aux charges auxquelles sont soumis : 1° les immeubles dont le ministre public peut être propriétaire sur le territoire où il réside et qu'il habite comme personne privée : 2° l'exercice de l'industrie ou du commerce auxquels le ministre public se livrerait en dehors de ses fonctions : Heffter, n. 217 ; Pradier-Fodéré, t. 3, n. 1412.

303. — Elle ne s'étend pas non plus aux impôts qu ont le caractère d'une rénumération due, soit à l'État soit à des particuliers ou à des municipalités, pour dépenses faites en vue d'objets ou d'établissements d'intérêt individuel à l'usage desquels ils participent, tels que : droits de péage et autres pour l'entretien de ponts, chaussées, canaux ; droits pour fanaux, balises ; port de lettres : taxes télégraphiques ; chemins de fer exploités par l'État ou des compagnies ; taxes et contributions tels que droits d'octroi et autres.

308. — L'immunité des impôts n'est qu'une concession de pure générosité ; par suite, lorsqu'elle n'est point commandée par la nécessité d'assurer la liberté d'action du ministre public étranger (ce qui a lieu pour l'exemption du logement des gens de guerre, de la visite par les employés de la douane), ou lorsqu'elle n'est point fondée sur ce que tels impôts dont on est exempté, supposent d'un côté, sujétion et de l'autre, souveraineté (ce qui arrive pour les impôts personnels, directs et les décimes de guerre), et cette concession pouvant être plus ou moins étendue, plus ou moins limitée, tout ministre public doit se contenter de ce que le gouvernement près duquel il est accrédité accorde aux ministres de son rang, à moins qu'il n'ait à réclamer une immunité particulière fondée sur des conventions spéciales, ou à titre de réciprocité : Pradier-Fodéré, Cours, t. 2, p. 66 : Traité, t. 3, n. 1414.

305. — En principe, les ministres publics ne peuvent prétendre à l'immunité des impôts, sur le territoire d'une tierce puissance, à moins de traité ou d'exemption accordée par courtoisie : Pradier-Fodéré, Cours, t. 2,

p. 67 ; Traité, t. 3, n. 1415. — Ainsi, par exemple, nul agent diplomatique ne peut prétendre à l'exemption des droits de douane en vigueur dans les pays dont il emprunte le territoire pour se rendre à son poste ; elle lui est souvent accordée, même en l'absence de toute convention expresse, mais par une courtoisie internationale : Ch. de Martens, Guide dipl., § 32 ; Neumann, § 63.

306. — En France, voici quel est l'état de la législation et de la coutume, au sujet de l'immunité des agents diplomatiques : *Impôt foncier*. — Il grève les immeubles situés sur le territoire français, abstraction faite des personnes qui en sont les propriétaires. Sont soumis à cet impôt les immeubles possédés par un ministre public comme personne privée. En est exempté, l'immeuble qui lui sert d'hôtel et qu'il habite, en qualité de ministre public.

307. — *Impôt personnel et mobilier*. — Pour l'impôt personnel, c'est la loi du 7 thermidor an III, sur l'établissement de la contribution personnelle et des taxes somptuaires sur les poêles et cheminées, les domestiques mâles, les chevaux et mulets de luxe, et voitures, qui exempte les agents diplomatiques dans son art. 17, alin. 2 : « Les ambassadeurs, envoyés, chargés d'affaires des nations amies ou alliées, sont exemptés de toutes les contributions ci-dessus, quelle que soit la durée de leur séjour ». — V. arrêt du Conseil 17 déc. 1722. — Comp. : Lettre min. des aff. étr. 7 vent, an XIII (S., t. 7, p. 2, 877). — L'impôt personnel et l'impôt mobilier ont été réunis plus tard (L. 21 avril 1832), — et la même exemption s'applique aussi à l'impôt mobilier : Cons. d'Ét. 17 nov. 1843 (S. 44. 2. 135 ; D. 44. 3. 42), — Lettre min. des aff. étr. au préfet de la Seine 11 juill. 1866 (Jurispr. des Cons. préf. 1878, 284).

308. — Les répartiteurs de l'impôt personnel et mobilier doivent s'abstenir de faire figurer sur les matrices les agents diplomatiques appelés à bénéficier de l'exemption Cir. dir. génér. contrib. dir. 9 avril 1875.

309. — L'exemption s'étend aux secrétaires d'ambassade ou de légation qui auraient une habitation séparée de celle du chef de la mission : Lettre min. aff. étr. 11 juill. 1866, précité. — « L'hôtel du chef de la mission n'est pas toujours le lieu de résidence des secrétaires officiels de cette mission. Ces derniers jouissent dès lors de l'exemption en dehors du siège de l'ambassade aussi bien que leurs chefs. Cette règle de droit coutumier a la même force que des articles de traités ». Au reste, l'exemption est accordée quand bien même l'agent diplomatique se livrerait à un commerce ou à une industrie : Cons. d'Ét. 17 nov. 1843, précité.

310. — *Impôt des portes et fenêtres.* — Les agents diplomatiques sont exempts de la contribution des portes et fenêtres : Cons. préf. Seine 13 août 78 (Jurisp. Cons. préf. 1878. 284; Jour. dr. intern. pr. 1878. 601), — 26 sept. 1878. (Ibid.): — Par suite, le propriétaire de l'hôtel, occupé par une ambassade ne pouvant réclamer à son locataire le montant de cet impôt, il doit lui en être donné décharge : Cons. préf. Seine 13 août 1878, précité. — Si, cependant, par une clause expresse du bail, la charge de cet impôt était laissée au propriétaire de l'immeuble loué à la mission diplomatique, les ouvertures devraient continuer à être imposées au nom de ce dernier (Circ. 9 avril 1875).

311. — *Impôt des patentes.* — L'agent diplomatique devra l'acquitter s'il se livre à un commerce ou à une industrie : V. Pradier-Fodéré, t. 3, n. 1401.

312. — *Taxe sur les chevaux et les voitures.* — Ils en sont exemptés en vertu de la loi du 7 thermidor an III, art. 17, alinéa 2, rapportée plus haut, n. 307.

313. — *Taxe sur les billards* (L. 16 sept. 1871). — Nul doute qu'ils ne bénéficient aussi, dans la pratique, de l'exemption de cette taxe.

314. — *Services personnels : logement des gens de guerre.* — Les agents diplomatiques n'en sont pas tenus. — Comp. : Lettre min. aff. étr., 7 vent. an XIII, précitée. V. Pradier-Fodéré, t. 3, n. 1402. — Ils sont pourtant soumis aux prestations et réquisitions militaires aussi bien que les nationaux et de la même manière pour les biens fonds qu'ils possèdent ou afferment à titre personnel, à moins que des traités ou conventions n'exemptent de ces charges les sujets du pays que l'agent diplomatique représente : Décision minist. aff. étr., 7 juillet 1888 ; déc. minist. guerre, 16 juillet 1888. Rev. gén. adm. 1888. 3. 341.

315. — *Impôts ou contributions indirectes.* — En France, les agents diplomatiques doivent les supporter tous en principe à moins d'une réciprocité : Cass. 26 avril 1815 (Dalloz, v° Enreg., n. 4158, note 1). — Pradier-Fodéré, t. 3, n. 1408 et s. — L'immunité de cet impôt peut leur être accordée en vertu d'un traité ou même d'un acte purement gracieux du gouvernement auprès duquel ils sont accrédités : Pradier-Fodéré, t. 3, n. 1408.

316. — *Droits de mutation par décès.* — Il faut distinguer les cas suivants : succession ouverte en France, au profit d'un agent diplomatique ; les droits de mutation doivent être acquittés par lui, à moins d'une disposition de réciprocité ; — succession d'un agent diplomatique étranger décédé en France ; pour les meubles ayant appartenu à l'agent diplomatique, aucun droit de mutation n'est dû, l'agent étant réputé décédé en pays étranger ; néanmoins, il doit être passé déclaration des rentes et créances dues à ce ministre public par des Français et payables en France, parce que les étrangers pouvant contracter en France, y faire le commerce et y réclamer le secours des lois, doivent, par une juste réciprocité, participer aux charges du gouvernement dans la mesure de la protection qu'ils obtiennent : V. Décis. min. citées *infrà* ; Dalloz, v° Enreg., n. 4167. — Pour les immeubles situés en France, les héritiers doivent acquitter les droits de mutation : Déc. Régie 9 juillet 1811 (Déc. min. fin. 17-19 mars, 17 fév. 1858). — Mêmes solutions pour les biens ayant appartenu à des personnes décédées faisant partie du personnel officiel de la mission diplomatique : Déc. min. fin. 17 fév. 1858, précité.

317. — *Droits d'enregistrement.* — Il y a lieu de distinguer les actes et mutations dont l'enregistrement est facultatif de ceux où il est obligatoire. — En ce qui concerne les actes et mutations dont l'enregistrement est facultatif, c'est à-dire qui n'y sont pas assujettis dans un délai déterminé, les agents diplomatiques étrangers doivent acquitter le droit lorsqu'ils jugent à propos de requérir la formalité ; leur recours volontaire au bénéfice de la loi française implique la nécessité d'en supporter les charges. Tel serait le cas pour une obligation ou une vente de meubles sous seing privé. De même l'agent qui recourt, pour la passation d'un acte dont l'enregistrement est facultatif, à un officier public ou ministériel français, contracte par là-même l'obligation de payer, outre les honoraires, les droits de timbre et d'enregistrement qui sont la conséquence de la forme de l'acte public ; et, s'il accepte la juridiction des tribunaux français, il est tenu d'acquitter tous les droits de timbre et d'enregistrement auxquels donnent lieu les actes de procédure et le jugement à intervenir : Ern. Lehr, Man. des ag. dipl. et cons., n. 1393.

318. — En ce qui concerne, au contraire, les actes et mutations dont l'enregistrement est obligatoire dans un délai déterminé, il y a plusieurs distinctions à établir. — Si l'acte est passé par l'agent diplomatique en sa qualité de représentant d'une puissance étrangère, et pour l'exercice de ses fonctions, on admet généralement qu'il est affranchi de tous droits ; c'est ce qui, après quelques oscillations dans la jurisprudence, a prévalu pour les baux écrits ou verbaux consentis à un chef de mission pour l'installation d'une ambassade ou légation étrangère : Sol. Régie 13 fév. 1873 (Dict. enreg., v° Bail, n. 389) ; — ou même à un secrétaire d'ambassade pour son habitation personnelle : Sol. Régie 15 avril 1873 (Ibid.).

319. — Il n'y a aucun motif de ne pas accorder la même exception d'impôt aux ventes d'immeubles consenties aux agents diplomatiques pour l'installation de leurs bureaux ou même de leur habitation personnelle. — La dispense est de droit lorsqu'elle est stipulée dans une convention internationale (V. Tr. franco-italien, 26 juillet 1862). — Si nulle réciprocité n'est stipulée, il serait possible que l'administration qui fait remise, à titre gracieux, des droits minimes dus sur les baux, exigeât l'impôt, beaucoup plus productif pour le Trésor, dû à raison de la mutation de la propriété de l'immeuble. — L'impôt est exigible, soit sur les baux, soit sur les ventes, conclus par les agents diplomatiques, relativement à des immeubles situés hors de leur résidence officielle et alors qu'il s'agit de propriétés d'agrément (châteaux, villas, pêche, chasse, etc.), ou de propriétés de-rapport (fermes, usines, forêts, etc.) : Ern. Lehr, Man. des ag. dipl. et consul., n. 1093 bis.

320. — *Droits de timbre.* — Il n'existe aucune décision qui dispense les agents diplomatiques de faire usage de papier timbré dans les cas prévus par la loi ; sans doute, leur hôtel étant réputé terre étrangère, les actes qui y sont reçus ou dressés par eux peuvent être assimilés à des actes passés en pays étranger et rédigés sur du papier non timbré. — Mais en vertu des art. 13 et 15, L. 13 brum. an VII, ils devront être soumis au timbre ultérieurement, si l'on entend en faire usage en France : Sol. Régie, 20 juill. 1878 (Journ. de l'Enregistr., n. 20853). — De même les quittances, reçus, décharges doivent pareillement être soumis au timbre de dix centimes. Une décision du ministre des finances du 1er octobre 1874 (D. 74. 5. 498), énonce de la façon suivante ces différentes dispositions : « Les représentants des puissances étrangères ne sont pas fondés, en principe, à se prévaloir des privilèges diplomatiques pour s'affranchir du droit de timbre de dix centimes. Mais cette règle générale cesse d'être applicable lorsqu'il s'agit de reçus de sommes perçues comme le sont les droits de chancellerie, pour le compte du gouvernement étranger. Ces reçus n'ont, au point de vue fiscal, que le caractère de pièces d'ordre intérieur, pour lesquelles aucune protection n'est demandée aux lois françaises, qui ne sauraient, dès lors, être atteintes par l'impôt du timbre qu'autant qu'il en sera fait usage en France dans un acte public ou devant un tribunal ».

321. — *Taxes sur les valeurs mobilières (effets commer-*

ciaux, de sociétés, banques, etc.). — Ces taxes comprennent un droit de transmission de ces valeurs et un impôt prélevé sur le revenu qu'ils donnent (dividendes, primes, lots). — Ces taxes doivent être supportées par l'agent diplomatique propriétaire de ces valeurs comme toute contribution indirecte en général, mais surtout parce que ces droits grèvent la propriété purement privée et sans considération de personnes.

322. — En Italie, par exemple, les agents diplomatiques ne sont pas exempts de l'impôt mobilier sur les rentes de la dette publique, nominales ou au porteur, cette exemption n'étant pas considérée comme nécessaire pour l'exercice de leurs fonctions : Esperson (Journ. dr. intern. pr. 79, p. 347). — Mais, d'une façon générale, l'impôt sur le revenu de la richesse mobilière ne pèse pas sur les agents diplomatiques des nations étrangères pourvu qu'ils ne se livrent, dans l'Etat, à aucun commerce ou industrie, et qu'il y ait réciprocité de traitement dans les pays dont ils dépendent (art. 7. L, 14 juill. 1864).

323. — *Droits de douane.* — En France, tout ce qu entre pour la première fois avec l'agent diplomatique étranger doit être exempt de visite et de perception ; mais les équipages qui arrivent après doivent être signalés, afin que l'administration puisse donner des ordres spéciaux pour leur admission. — A toute époque l'agent diplomatique peut demander l'entrée des choses à son usage ; elles sont expédiées sur la douane de Paris, qui les livre en franchise. — Le délai dans lequel les agents diplomatiques étrangers accrédités auprès du gouvernement français, ont la faculté générale d'introduire en franchise les effets à leur usage et à celui de leur famille est ordinairement de six mois, et s'étend parfois jusqu'à un an ; mais celui de ces deux termes qui a été adopté, une fois expiré, si le ministre public veut obtenir la libre entrée de quelques objets, il doit en faire la demande spéciale. — Les objets sur lesquels porte l'exemption des droits sont, en général, les équipages, meubles et effets, etc., qui sont a l'usage personnel de l'agent diplomatique, ainsi que les vins, eaux-

de-vie et liqueurs destinés à sa consommation. — La nature des objets pour lesquels la franchise peut être accordée n'est pas d'ailleurs exclusivement limitée aux prove-
nances du pays du ministre public : Pradier-Fodéré,
Cours, t. 2, p. 53 à 62 ; Traité, t. 3, n. 1405. — V. Décr.
6 août 1791.

324. — L'immunité des droits de douane est accordée
en France, non seulement au chef de la mission mais à
tous ses membres, pourvu que les objets d'importation
arrivent à destination sous le couvert de la légation : Pradier-Fodéré, t. 3, n. 1406. — En Angleterre, elle est res-
treinte au chef de la mission, aucun secrétaire ne saurait
la demander, le cas excepté où il remplacerait par intérim
son chef de mission comme chargé d'affaires. — Il en est
de même en fait en Belgique, quoique la loi exclut du bénéfice de l'exemption les chargés d'affaires.

325. — *Droits d'octroi.* — Tout agent diplomatique
doit les acquitter en France, en vertu de l'ord. du 9 décembre 1814 qui porte que « nulle personne, quels que
soient ses fonctions, ses dignités ou son emploi, ne pourra
prétendre, sous aucun prétexte, à la franchise des droits
d'octroi » (art. 105) : V. Décr. 28 janv. 1790 ; Pradier-
Fodéré, t. 3, n. 1409. — En cas de réclamation, les agents
qui auraient été à tort imposés, doivent se pourvoir par la
voie diplomatique, par l'intermédiaire de leur ambassadeur
et du ministre des affaires étrangères : Lettre du Min. des
aff. étrang., 21 juin 1843.

Sect. VII. — Droit au culte privé ou domestique.

326. — Le ministre public a le droit de culte domes-
tique, quand bien même ce culte ne serait pas reconnu sur
le territoire où il exerce ses fonctions : Ch. de Martens,
Guide dipl., § 35 ; Heffter, n. 213. — Et il peut avoir une
chapelle dans son hôtel, encore qu'il existe une église de
sa religion dans la ville où il réside : Ch. de Martens, *op.
cit.* ; Phillimore, t. 2, n. 209.

327. — Les conditions pour l'exercice du culte sont les

suivantes : 1° le culte doit être exercé dans l'intérieur de l'hôtel du ministre et non au dehors : Heffter, n. 213 ; — 2° il ne doit y avoir ni pompe extérieure, ni sons de cloches, ni musique d'orgue ou autres : Ch. de Martens, *op. cit.* ; Heffter, *loc. cit.* ; Pradier-Fodéré, t. 3, n. 1491, p. 411 ; — 3° la chapelle ne doit pas être accessible au public à moins d'une autorisation spéciale du gouvernement local : Heffter, *loc cit.* — *Contra* ; Ch. de Martens. *op. cit.* ; — 4° l'ecclésiastique attaché à la chapelle ne doit pas se montrer au dehors avec les insignes de ses fonctions : Heffter, *loc. cit.* ; Pradier-Fodéré, *loc. cit.* ; — 5° il ne doit pas non plus entreprendre de faire des prosélytes, ni admettre des personnes de religion différente à prendre part à l'exercice de son culte, sauf autorisation : Ch. de Martens, *op. cit.* ; Heffter, *loc. cit.* ; Neumann, § 64 ; — 6° on ne doit pas non plus admettre à prendre part aux exercices religieux, les personnes étrangères à la mission, que ce soient des nationaux ou des étrangers appartenant à la même religion : Pradier-Fodéré, *loc. cit.*

328. — Au reste, l'absence temporaire du ministre public ne suspend pas le droit à l'exercice du culte privé : Heffter, n. 213 ; Neumann, p. 64 ; Pradier-Fodéré, t. 3. n. 1492 ; — ni son décès : Neumann, *loc. cit.* — Il en est autrement de sa suspension effective et de sa révocation : Heffter, Pradier-Fodéré, *loc. cit.*

329. — Il est généralement reconnu aujourd'hui que le droit à l'exercice du culte privé appartient aux ambassadeurs, aux ministres de deuxième classe, aux ministres résidents : Heffter, *loc. cit.* ; — on l'accorde même aux chargés d'affaires : Bluntschli, règle 204 ; Pradier-Fodéré, t. 3, n. 1494. En dehors des agents diplomatiques, aucune autre personne ne peut prétendre à ce droit, ni la femme de l'agent, ni aucun autre membre de sa famille : Heffter, n. 221 ; Pradier-Fodéré, t. 2, n. 1494.

330. — Les actes paroissiaux (baptêmes, mariages...) célébrés régulièrement dans la chapelle du ministre public, par l'ecclésiastique y attaché, produisent tous leurs effets civils quand ils se rapportent aux personnes qui font partie du personnel de la mission et pour lesquelles l'ecclésiastique constitue la seule autorité religieuse compétente : Heffter, *loc. cit.* ; Pradier-Fodéré, t. 3, n. 1491. — Quand ces actes se rapportent à des personnes étrangères à la mission, concitoyens ou sujets locaux, leur valeur juridique est déterminée par les lois intérieures de l'Etat : Heffter, Pradier-Fodéré, *loc. cit.*

SECT. VIII. — DROIT DE JURIDICTION.

331. — En principe, les agents diplomatiques n'ont aucun droit de juridiction à exercer sur les personnes de leur suite : Heffter, n. 216 ; Calvo, t. 3, n. 1540 ; Pradier-Fodéré, t. 3. n. 1489 ; — et encore moins sur leurs nationaux qui ne font point partie de la mission diplomatique. Pour qu'un tel droit puisse leur appartenir, il faut qu'il leur ait été formellement conféré par leur souverain : Heffter, n. 216 ; Calvo, t. 3, n. 1540. — Un pareil droit peut aussi découler d'un traité. — Les agents diplomatiques accrédités dans le Levant et dans les Etats barbaresques jouissent du droit de juridiction sur les personnes de leur suite et même sur leurs nationaux qui n'en font pas partie. — Dans l'Empire ottoman, ce droit est accordé par des traités dits capitulations, conclus avec les différentes puissances de l'Europe.

332. — Spécialement les capitulations entre la Porte ottomane et la France passées en 1604, renouvelées en 1740 (28 mai), donnent aux ambassadeurs français le droit de juridiction civile et criminelle sur leurs nationaux, « S'il arrive quelque meurtre, ou quelque autre désordre entre les Français, leurs ambassadeurs et leurs consuls en décideront selon leurs us et coutumes, sans qu'aucun de nos officiers puissent les inquiéter à cet égard » (art. 15); — « s'il arrive quelque contestation entre les Français, les ambassadeurs et les consuls en prendront connaissance, et en décideront selon leurs us et coutumes, sans que personne puisse s'y opposer » (art. 26 in fine); Aristarchi Bey, Lég. ottoman., t. 4. p. 172, 174 ; Merlin, Répert. v°

Min. publ., sect. 5, § 6, n. 2. — V. sur ce droit de juridiction, tel qu'il est réglementé en France : Ord. 3 mars 1781
(Isambert) ; L. 28 mai 1836.

333. — Ce droit de juridiction, que pourrait formellement reconnaître un souverain à son ministre diplomatique à l'étranger, ne doit être que très restreint et ne
peut comprendre ni la juridiction contentieuse répressive,
ni la juridiction contentieuse civile, mais simplement une
juridiction gracieuse et volontaire, et une juridiction
d'instruction circonscrite dans certaines limites : Heffter,
n. 216, et les auteurs cités dans Calvo, t. 3, n. 1547. —
Suivant Pradier-Fodéré, un souverain ne pourrait pas
même conférer la juridiction d'instruction : t. 3, n. 1489,

334. — Le droit de juridiction répressive n'est pas plus
accordé au ministre public sur les gens qui sont à ses gages
que sur les personnes qui forment sa suite officielle : Bynkershoëck, ch. 20, § 24 ; Merlin. Répert. v° Min. publ.,
sect. 6, n. 4, 5 ; Heffter, n. 216. — Et, en principe, l'ambassadeur n'a pas même sur eux un droit de correction :
Merlin, *op. cit.* — *Contrà* : Huber, « de jure civitatis, »,
liv. III, sect. 3, ch. 2. n. 30 ; Bynkershoëck, ch. 20. § 24 ;
Gérard de Rayneval, p. 366.

335. — La compétence de l'agent diplomatique en matière de juridiction d'instruction se résume en ceci : en
cas de crime ou de délit commis par une personne de la
suite du ministre, son rôle se borne à faire arrêter le
prévenu ou à demander son extradition : à faire constater
les faits, autant que les localités de l'hôtel le permettent ;
éventuellement, à requérir à l'interrogatoire des gens de
l'hôtel comme témoins ; et généralement, à procéder aux
actes d'instruction, à faire mettre en exécution les actes
de réquisition envoyés par les autorités judiciaires de son
pays et à leur livrer l'auteur de l'infraction : Heffter, n.
216 ; Calvo, t. 3. n. 1540.

336. — Mais quand une infraction est commise par une
personne de la suite non officielle du ministre, si elle a été
commise hors de l'hôtel, la répression appartient aux autorités locales ; dans le cas contraire, l'agent diplomatique

exercera son droit d'instruction : Calvo, t. 3, n. 1541.

337. — Relativement à la juridiction volontaire, on ne conteste pas aux agents diplomatiques le droit de recevoir les testaments, et moins encore celui de légaliser par leur signature les actes des personnes qui font partie de la légation, de faire apposer les scellés, en cas de mort, sur les objets qui leur appartiennent, ce qui est même un devoir pour eux. Les lois de chaque pays décident d'ailleurs jusqu'à quel point la juridiction volontaire exercée par l'agent diplomatique peut s'étendre aux sujets de son souverain qui ne font pas partie de la légation. C'est ainsi, par exemple, qu'aux termes de l'art. 48 C. civ. français, tout acte de l'état civil des Français en pays étranger sera valable, s'il a été reçu conformément aux lois françaises par les agents diplomatiques ou par les consuls : V. aussi art. 368 C. civ. italien. — Pradier-Fodéré, t. 3, n. 1490. — Il faut en effet que l'agent diplomatique ait reçu un mandat spécial à cet effet: Heffter, n. 217 ; Calvo, t. 3, n. 1548.

338. — Toutefois, le gouvernement près lequel le ministre est accrédité, n'est pas plus obligé de reconnaître ces actes comme valables qu'il ne l'est de reconnaître tous autres actes émanant des autorités de l'Etat que représente e ministre ; ces actes de juridiction gracieuse ne peuvent avoir de valeur auprès des tribunaux locaux que dans les limites prévues par les traités, ou consacrées par les règles générales sur les contrats faits en pays étranger ; le gouvernement territorial peut n'en pas admettre la validité toutes les fois que le litige est regardé par lui comme étant du ressort de ses tribunaux : Heffter, Calvo, *loc. cit.*

339. — Une autre faculté laissée au ministre public est celle de délivrer des passeports à ses nationaux ou aux étrangers qui veulent se rendre dans le pays qu'il représente ; mais dans ce dernier cas, le ministre doit se mettre d'accord avec les autorités du pays auquel le sujet appartient.

SECT. IX. — PRIVILÈGES DIVERS.

340. — En matière civile, la disposition qui règle l'audition en témoignage des agents diplomatiques français en France, est celle de la loi du 20 therm. an IV : « Lorsqu'il y aura lieu de citer en témoignage en matière civile, des agents de la République, auprès des nations étrangères, devant les tribunaux autres que ceux séant dans la commune où ils se trouveraient casuellement, le juge civil devant lequel on voudra les produire en témoins adressera au juge civil du lieu de la résidence desdits agents un état des faits, demandes et questions sur lesquels les parties désirent leur témoignage. Les juges civils auxquels cet état sera adressé feront assigner devant eux lesdits agents et ils recevront leurs déclarations. Ces déclarations seront envoyées, dûment scellées et cachetées, au greffe du tribunal requérant. En matière civile, elles seront communiquées aux parties. » (art. 1er).

341. — En matière criminelle, la matière est réglementée par les art. 514 et suiv. C. inst. crim. A l'égard des ambassadeurs ou autres agents du roi, accrédités près les Cours étrangères, il sera procédé comme il suit ; si leur déposition est requise devant la Cour d'assises, ou devant le juge d'instruction du lieu où ils se trouveraient accidentellement, ils devront la fournir dans les formes ordinaires ; 2° s'il s'agit d'une déposition relative à une affaire poursuivie hors du lieu où ils se trouvaient accidentellement, et si cette déposition n'est pas requise devant le jury, le président ou le juge d'instruction saisi de l'affaire, adressera à celui du lieu où résident ces fonctionnaires à raison de leurs fonctions, un état des faits, demandes et questions, sur lesquels leur témoignage est requis ; 2° s'il s'agit du témoignage d'un agent résidant auprès d'un gouvernement étranger, cet état sera adressé au ministre de la justice qui en fera le renvoi sur les lieux et désignera la personne qui recevra la déposition (art. 514).

342. — « Le président ou le juge d'instruction auquel sera adressé l'état mentionné en l'article précédent fera assigner le fonctionnaire devant lui, et recevra sa déposition par écrit. » (art. 515). — « Cette déposition sera envoyée close et cachetée au greffe de la Cour ou du juge requérant communiquée et lue, comme il est dit en l'art. 512, et sous les mêmes peines » (art. 516).

343. — « Si les fonctionnaires de la qualité exprimée dans l'art. 514 sont cités à comparaître comme témoins devant un jury assemblé hors du lieu où ils se trouvent accidentellement, ils pourront en être dispensés par une ordonnance du roi. Dans ce cas, ils déposeront par écrit, et l'on observera les dispositions prescrites par les art. 514, 515 et 516 » (art. 517).

344. — Un décret du 4 mai 1812 ajoute aux dispositions précédentes, et fixe un cérémonial spécial pour recueillir l'audition des fonctionnaires en question. Ce décret porte : « Dans les affaires autres que celles spécifiées au précédent article (ce sont celles où les préfets agissent en vertu de l'art. 10, C. inst. crim.), si nos préfets ont été cités comme témoins, et qu'ils allèguent, pour s'en excuser, la nécessité de notre service, il ne sera pas donné suite à la citation. Dans ce cas, les officiers chargés de l'instruction, après qu'ils se seront entendus avec eux sur le jour et l'heure, viendront dans leur demeure pour recevoir leurs dépositions, et il sera procédé, à cet égard, ainsi qu'il est prescrit à l'art. 516 de notre Code » (art. 4).

345. — « Lorsque nos préfets cités comme témoins ne s'excuseront pas, ainsi qu'il est dit à l'article précédent, ils seront reçus par un huissier à la première porte du palais de justice, introduits dans le parquet et placés sur un siège particulier. Ils seront reconduits de la même manière qu'ils auront été reçus » (art. 5). — « Les dispositions des deux articles précédents sont déclarées communes à nos ambassadeurs et autres agents diplomatiques près les Cours étrangères » (art. 6).

346. — Les agents diplomatiques peuvent se prévaloir de la dispense de témoigner ainsi qu'elle leur est accordée par le décret du 4 mai 1842 (art. 4), que leur déposition ait été requise devant un juge d'instruction, un tribunal ou une Cour d'assises : Cass. 29 sept. 1852 (P. 42. 3. 403 ; S. 42. 1. 785 ; D. 42. 1.55). — V. Legraverend, t. 1. p. 266. — Ce privilège ne constitue pas une simple excuse qu'il

soit loisible aux tribunaux d'accueillir ou de rejeter ; il
s'exerce de plein droit lorsque le fonctionnaire qui en est
investi le réclame : Cass. 29 sept. 1843, précité.

347. — Les ambassadeurs et les autres agents diplomatiques, envoyés par les puissances étrangères en France,
ne peuvent être cités en témoignage devant les tribunaux
français : Carnot, sur l'art. 514, n. 9 ; Bourguignon,
Jurispr. crim., t. 2, p. 463. — Dans une opinion contraire,
M. Laurent décide qu'ils sont tenus d'apporter leur déposition à la barre (Dr. civ. intern., t. 3, p. 144 et s.). —
Suivant une opinion intermédiaire, pour que les agents
diplomatiques soient tenus de témoigner en justice, il faut
que leur déposition s'impose pour la recherche de la vérité.
Mais leur déposition ne pourra avoir lieu que par l'intermédiaire du ministre des affaires étrangères et avec le
consentement du gouvernement étranger : Calvo, t. 3,
n. 1519 ; Pradier-Fodéré, t. 3, n. 1464.

348. — Il a été jugé par la Cour de cassation que les
privilèges accordés aux ambassadeurs ne vont pas jusqu'à
dispenser le vassal de prêter foi et hommage à son sei-
gneur direct. Cette espèce s'est présentée pendant que la
Belgique était française, mais avait encore conservé son
système féodal, aboli par l'arrêté du 17 brum. an IV : Cass.
8 janv. 1812 (S. 12. 1. 389 ; S. chr. ; C. n. 4. 1. 3).

349. — Un agent diplomatique ne peut être constitué
gardien judiciaire. Son caractère public ne permet pas qu'il
soit soumis aux obligations qui incombent à ces personnes :
notamment, avant l'abolition de la contrainte par corps,
l'inviolabilité de l'agent et de son hôtel s'opposait à l'application de l'art. 2060 C. civ., al. 4, qui était ainsi conçu :
« La contrainte par corps a lieu pareillement..... ; 4° pour
la représentation des choses déposées aux séquestres, commissaires et autres gardiens » : Paris 19 mai 1829 (S. 29.
2. 264 ; S. chr. ; S. c. n. 9. 2. 266 ; D. 29. 2. 185).

350. — Tout agent diplomatique étranger qui actionne
un Français devant les tribunaux de France, en vertu de
l'art. 15 C. civ., est tenu de fournir la caution « judicatum
solvi » exigée par les art. 16 C. civ., 166, 167 C. pr. civ.

Les immunités auxquelles il a droit sur le territoire français ne sauraient être invoquées par lui pour se soustraire aux dispositions de ces articles : Merlin, Quest. de dr., v° Caut. judic. solvi, § 1, n. 3 ; Boncenne, Th. de la procéd., t. 3, p. 173 ; Boitard, t. 2, p. 8 ; Demante et Colmet de Santerre, t. 1, n. 30 bis, III ; Demolombe, t. 1, n. 255 ; Massé, t. 2, n. 740 ; Aubry et Rau, t. 8, p. 128, note 7 ; Gerbaut, *op. cit.*, p. 61.

Chap. XV. — De certaines prohibitions et incompatibilités existant pour les agents diplomatiques.

351. — Les agents diplomatiques sont des fonctionnaires publics. Par suite, il y a lieu de leur appliquer les textes législatifs qui ont aboli le serment politique, et qui ont abrogé l'art. 75 Const. an VIII, relatif aux poursuites à exercer contre les fonctionnaires.

352. — Les agents diplomatiques français sont exempts de la tutelle et de la curatelle. « Sont dispensés, dit l'art. 428 C. civ., de la tutelle... tous autres citoyens qui remplissent, hors du territoire du Royaume, une mission du roi ». V. Laurent, t. 4, n. 497. — « Les citoyens de la qualité exprimée aux articles précédents, qui ont accepté la tutelle postérieurement aux fonctions, services ou missions qui en dispensent, ne seront plus admis à s'en faire décharger pour cette cause (art. 430). — Si la mission est non authentique et contestée, la dispense ne sera prononcée qu'après la présentation faite par le réclamant du certificat du ministre dans le département duquel se placera la mission articulée comme excuse (art. 429). » — Pour les agents diplomatiques, le certificat doit émaner du ministre des affaires étrangères.

353. — « Ceux, au contraire, à qui lesdites fonctions, services ou missions, auront été conférés postérieurement à l'acceptation et gestion d'une tutelle, pourront, s'ils ne veulent la conserver, faire convoquer, dans le mois, un conseil de famille, pour y être procédé à leur remplacement. Si, à l'expiration de ces fonctions, services ou missions, le nouveau tuteur réclame sa décharge, ou que l'ancien redemande la tutelle, elle pourra lui être rendue par le conseil de famille (art. 431). »

354. — Les fonctionnaires relevant du ministère des affaires étrangères sont classés d'office dans la catégorie des non-disponibles et, à moins d'ordre de marche individuel, restent à leur poste, même en temps de guerre, au lieu d'avoir à rejoindre leurs régiments. Toutefois, d'après une décision du ministre de la guerre du 5 mai 1885, la dispense n'a pas la même étendue quels que soient le grade ou l'emploi de l'agent et la catégorie de réserve à laquelle il appartient : les fonctionnaires de l'administration centrale, les ministres plénipotentiaires, les chanceliers et les drogmans en jouissent, qu'ils fassent partie de la réserve de l'armée active ou de l'armée territoriale ; au contraire, les attachés, les secrétaires et conseillers d'ambassade, les commis de chancellerie, ne sont classés comme non-disponibles qu'à partir du moment où ils ont passé dans l'armée territoriale, et les agents diplomatiques, pourvus du grade d'officier, ne sont pas compris dans les non-disponibles : Chevrey-Rameau, Répert., supp. 1886, 564 ; Ern. Lehr, Man. des agents diplom. et consul., n. 1186.

355. — On s'est demandé si la prescription courait pour ou contre les agents diplomatiques. La solution ne paraît pas douteuse : elle se trouve virtuellement résolue par les termes de l'art. 2251 C. civ., d'après lequel « la prescription court contre toutes personnes, à moins qu'elles ne soient dans quelque exception établie par la loi. » Or, dans aucune de ses dispositions, la loi n'a attribué à l'exercice des fonctions diplomatiques l'effet de suspendre le cours de la prescription. Les particuliers contre lesquels une prescription a été commencée du chef d'un agent diplomatique, avant son départ, pourraient donc l'interrompre, soit en faisant des actes contraires, soit de toute autre manière prévue par la loi, et notamment en notifiant tous exploits à l'agent diplomatique à son domicile connu en France. De son côté, l'agent diplomatique, contre lequel la prescription aurait couru depuis son départ, ne pourrait se plaindre, car c'était à lui de confier à un mandataire l'administration de ses biens et la défense de ses droits : V. l. 140, Dig. lib 50, tit. XVII ; Ern. Lehr, Man. des agents diplom. et consul., n. 1187 à 1189 ; Vazeille, Traité des prescriptions, t. 1, n. 315.

356. — Il est défendu, sous peine de destitution, et de plus grande peine s'il y échet, à tous agents diplomatiques, appelés à surveiller l'exécution des lois sur la course et les prises, ou à concourir au jugement de la validité des prises faites par les croiseurs français, d'avoir des intérêts directs ou indirects dans les armements en course, ou en guerre et marchandises. Il leur est également défendu de se rendre directement ou indirectement adjudicataires de marchandises provenant de prises et mises par eux en vente : Art. 122, Arr. 2 prair. an XI. — Cet arrêté est en vigueur et applicable non seulement dans ses dispositions relatives au cas de prises dans une guerre maritime, mais aussi dans celles qui sont relatives au cas de courses. Si, en effet, la course a été abolie par la convention de Paris de 1856, elle ne l'a été qu'entre les puissances signataires. Toutes les puissances n'ont pas adhéré à cette convention, et, dans l'hypothèse d'une guerre maritime entre la France et une de ces dernières puissances, la course pourrait être pratiquée sans que pour cela il y ait violation de la prohibition contenue dans ladite convention.

357. — Dans la pratique générale des Etats, un agent diplomatique ne peut contracter mariage sans une autorisation de son gouvernement : Calvo, t. 3, n. 1325, p. 183. — Comp. : Art. 36, Ord. 20 août 1833 (prohib. relat. aux consuls).

358. — La loi sur le jury, du 21 novembre 1872, n'établit, non plus que les précédentes, aucune incompatibilité entre les fonctions d'agent diplomatique, pourvu d'un poste, et celle de juré. — En théorie, ces agents, réputés domiciliés en France, pourraient donc être appelés à siéger dans un jury, bien qu'on s'explique difficilement comment ils concilieraient ce devoir avec les exigences de leur service à l'étranger. Il est probable que la question ne s'est jamais posée en fait, et que, la liste annuelle des jurés ne comprenant qu'une faible portion des citoyens domiciliés dans le département, les deux commissions qui la dressent ont toujours, et avec beaucoup de raison, évité d'y faire figurer des fonctionnaires qui, tout en conservant dans le département leur domicile, ont, par la force des choses, leur résidence habituelle au dehors : Ern. Lehr, Man. des agents diplom. et consul., n. 1326 et 1327.

Chap. XVI. — Fin des missions diplomatiques ou expiration des fonctions du ministre public. — Suspension de la mission.

359. — Les missions diplomatiques prennent fin : 1° par la fin de l'affaire ou de la négociation qui formait le but de la mission : G.-F. de Martens, n. 238, 240; Heffter, n. 223; Calvo, t. 3, n. 1363; Pradier-Fodéré, t. 3, n. 1515 ; — 2° par l'expiration du terme fixé pour la durée de la mission : G.-F. de Martens, *loc. cit.*; Heffter, *loc. cit.*; Pradier-Fodéré, *loc. cit.*; — 3° par le rappel du ministre public ou la révocation de ses fonctions, laquelle résulte implicitement de sa nomination à d'autres fonctions, incompatibles avec les précédentes : Mêmes auteurs; — 4° par le décès du ministre public : Mêmes auteurs; — 5° par le décès soit de son souverain, soit de celui auprès duquel il était accrédité dans le cas où la mission avait pour objet des affaires purement personnelles, ou lorsque les pouvoirs s'adressaient exclusivement au souverain décédé : Heffter, *loc. cit.*; — Comp. : Pradier-Fodéré, t. 3, n. 1528; — 6° par la démission acceptée du ministre public : Calvo, Pradier-Fodéré, *loc. cit.*; — 7° par la déclaration expresse ou tacite du ministre, portant ou indiquant que sa mission doit être regardée comme terminée : G.-F. de Martens, n. 241 in fine; Pradier-Fodéré, *loc. cit.*; — 8° par le renvoi du ministre public : G.-F. de Martens, *loc. cit.*; Heffter, Pradier-Fodéré, *loc. cit.*; — 9° lorsque le gouvernement refuse de recevoir le ministre public : Heffter, *loc. cit.*; Calvo, t. 3, n. 1365, p. 214; — 10° lorsque le gouvernement refuse de traiter avec lui : Heffter, *loc. cit.*; — 11° par le fait d'une guerre entre les deux Etats, à moins que cette éventualité n'ait été prévue dans ses pouvoirs : Wicquefort, t. 1, sect. 30, p. 445 ; Heffter, Calvo, *loc. cit.*; — 12° quand l'un des deux Etats est dissous : Pradier-Fodéré, t. 3, n. 1531 ; — 13° quand l'un des deux Etats perd sa souveraineté : Pradier-Fodéré, *loc. cit.*

360. — Il a été jugé qu'une mission ne prenait pas fin par la seule nomination d'un nouvel agent pour remplacer l'agent actuellement en fonctions et sans présentation officielle au gouvernement auprès duquel il doit être accrédité : Trib. civ. Seine 25 mai 1882 (Journ. dr. intern. pr. 83, 42).

361. — Les missions diplomatiques peuvent être suspendues : 1° en cas de mésintelligence entre les deux Etats, lorsqu'elle n'est pas suivie de l'ouverture d'hostilités: Heffter, *loc. cit.*; Pradier-Fodéré, t. 3, n. 1535 ; — 2° en cas d'événements importants survenus pendant le cours de la mission qui en rendent la continuation problématique ou y apportent des modifications probables, tels qu'un changement de règne. La suspension est dénoncée par l'une ou l'autre partie : Heffter, Pradier-Fodéré, *loc. cit.*; — 3° en cas de décès de l'un des deux souverains : *Contrà :* Calvo, t. 3, n. 1367 ; — 4° en cas d'abdication volontaire ou forcée : Heffter, *loc. cit.*; Ch. Vergé, note sur G.-F. de Martens, n. 238. — Comp. : Pradier-Fodéré, *loc. cit.*; G.-F. de Martens, n. 239 ; Calvo, *loc. cit.*

362. — Le décès ou la démission du ministre des affaires étrangères n'exercent aucune influence sur la mission du chargé d'affaires accrédité auprès de lui : Comp. : Pradier-Fodéré, t. 3, n. 1530.

SECT. I. — EFFETS DE LA FIN DES MISSIONS DIPLOMATIQUES.
PRINCIPES GÉNÉRAUX.

363. — La fin des missions diplomatiques n'entraîne pas ipso facto pour l'agent diplomatique, la déchéance des privilèges et immunités dont il jouissait : Heffter, n. 224,

226; Calvo, t. 3, n. 1363. — Un délai est accordé au ministre public pour se retirer du territoire. Tant que ce délai n'est pas expiré, aucun acte de souveraineté ou de juridiction n'est admissible à son égard, pas plus que pendant la durée de l'exercice de ses fonctions : Heffter, *loc. cit.* — Constituerait une violation du droit des gens, le refus d'un délai, ou un délai trop court : Ibid.

364. — Si à l'expiration de ce délai le ministre public continue à résider dans le pays, il tombe sous l'empire de ses lois en perdant son caractère public. — Il ne peut dès lors décliner la juridiction des tribunaux de ce pays, même à raison de ses engagements antérieurs. — Quant à la juridiction répressive, elle est incompétente pour les infractions à la loi pénale commises pendant l'exercice des fonctions de l'agent diplomatique. Elle sera compétente pour celles commises depuis l'expiration du délai : Heffter, *loc. cit.* ; Ch. Vergé, sur G.-F. de Martens, n. 239.

365. — Même en cas de rupture des relations diplomatiques pour cause de mésintelligence ou d'hostilités, l'agent diplomatique conserve son caractère public et tous les droits qui y sont attachés, pendant le temps qui lui est accordé pour quitter le territoire : Ch. Vergé, sur G.-F. de Martens, n. 239. — Le gouvernement auprès duquel il était accrédité doit même lui donner les moyens de quitter le territoire : Heffter, n. 224.

366. — Sous aucun prétexte, il n'est permis de retenir un ministre étranger, ni les personnes de sa suite, ni les choses qui lui appartiennent, sur le territoire où il résidait pour remplir sa mission, si ce n'est par voie de rétorsion : Heffter, n. 226; Ch. Vergé, sur G.-F. de Martens, n. 239 ; Pradier-Fodéré, t. 3, n. 1536, p. 465. — On ne peut former contre lui aucune demande en justice, pratiquer aucune saisie-arrêt, ou contrainte quelconque : Ibid.

367. — Cependant le gouvernement peut pourvoir aux intérêts de ses sujets par des moyens indirects. — Par exemple, après avoir fait annoncer dans les journaux le prochain départ du ministre, il peut et doit intercéder auprès de lui d'une manière officieuse en faveur des créanciers dont les réclamations ont été liquidées, sans que toutefois il puisse refuser de lui délivrer ses passeports : Heffter, *loc. cit.*; Pradier-Fodéré, *loc. cit.* — Les immeubles du ministre demeurent soumis à la juridiction du territoire où ils sont situés. — Quant aux meubles, des mesures conservatoires, par voie administrative, pourraient être prises sur ceux dont la propriété est réclamée par un régnicole : Ibid.

368. — A l'expiration des fonctions, par décès ou autrement, d'un agent diplomatique accrédité auprès d'un gouvernement étranger par le gouvernement français, toutes les archives, pièces, documents ou mémoires, relatifs aux affaires qu'il a eu à négocier ou à conclure, doivent être remis par lui ou par ses héritiers au gouvernement français pour être déposés dans les archives publiques. L'agent diplomatique ne peut détenir aucun de ces documents, qui appartiennent tous à l'Etat, et il leur est défendu même d'en publier ou d'en faire publier des copies ou des extraits sans une autorisation préalable : Pradier-Fodéré, t. 3, n. 1526.

369. — Les traités et conventions entre la France et les puissances étrangères, les correspondances, tant officielles que confidentielles, entre le département des affaires étrangères et ses agents, les rapports, mémoires et autres documents par eux adressés ou reçus en leur qualité officielle, sont la propriété de l'Etat : Ord. 18 août 1833, art. 1er (Sirey, L. ann., t. 2, p. 199). — V. aussi : Décr. 27 janv. et 20 fév. 1809 (Sirey, L. ann., t. 1, p. 791). — Comp. : Arr. 13 niv. an X (Sirey, L. ann., t. 1, p..570).

370. — Il doit être tenu au ministère des affaires étrangères et dans chaque résidence politique ou consulaire, un registre exact de toutes les pièces ci-dessus désignées, qui sont écrites ou reçues (art. 2). La nature et le contenu desdites pièces y seront sommairement énoncés ; il y est fait mention de leur date, de leur lieu de départ, de leur numéro d'envoi et de réception (art. 3).

371. — Tout ministre des affaires étrangères, tout agent politique ou consulaire, à l'expiration de ses fonctions, doit

faire remise, soit à son successeur, soit à la personne char-
gée de gérer provisoirement son poste, de toutes lesdites
pièces confiées à sa garde ou reçues par lui durant le cours
de sa gestion, aussi bien que des minutes de toutes celles
qu'il a écrites (art. 4). Cette remise s'opère au moyen d'une
vérification contradictoire constatant que les pièces con-
servées dans les cartons du ministère, de l'ambassade, de
la légation ou du consulat sont en même nombre et dans
le même ordre que les pièces enregistrées (art. 5). Il en
est dressé procès-verbal que signent le fonctionnaire sortant et son successeur, ou la personne gérant le poste par
intérim.

372. — La minute de ce procès-verbal reste déposée
aux archives du ministère, de l'ambassade, de la légation
ou du consulat dans lequel il est dressé (art. 8). Une copie
régulière en est donnée comme décharge au fonctionnaire
sortant. Une autre copie est transmise au ministère, lorsqu'il s'agit d'une vérification faite dans une résidence politique ou consulaire (art. 9). Les agents chargés de missions
extraordinaires et temporaires doivent déposer aux archives
du ministère, lors de leur retour, toutes les pièces relatives
à leur mission, en remplissant les formalités ci-dessus prescrites (art. 10).

373. — Il est fait mention au procès-verbal de la déclaration du fonctionnaire sortant, qu'il ne garde aucun original des pièces ci-dessus énoncées, et, dans le cas où il en
aurait fait prendre des copies, qu'il s'engage à n'en rien
publier ni laisser publier sans l'autorisation préalable du
gouvernement (art. 7). Et, quant aux documents privés
émanant d'un agent diplomatique et relatifs aux affaires
politiques de leur ressort, un arrêté directorial statue
ainsi : « Les agents extérieurs de la République seront res-
ponsables de la publicité de tout article imprimé qui pourrait être rédigé d'après leur correspondance privée sur des
objets politiques » (arr. 26 vendém. an VII).

374. — Dans le cas où les fonctions de l'agent diplomatique expirent par son décès, et que les formalités prescrites par l'ordonnance du 18 août 1833 n'ont pas été obser-

vées, lors de la levée des scellés apposés sur des biens de sa succession « s'il est trouvé des objets et papiers étrangers à la succession et réclamés par des tiers, ils seront remis à qui il appartiendra; s'ils ne peuvent être remis à l'instant, et qu'il soit nécessaire d'en faire la description, elle sera faite sur le procès-verbal des scellés et non sur l'inventaire (art. 939 C. pr. civ.) ». On peut comprendre parmi les tiers dont il est parlé dans cet article le gouvernement qui était représenté par le ministre décédé et qui exerce son droit de revendication comme propriétaire de ces objets en vertu de l'art. 1er de ladite ordonnance.

SECT. II. — DES CAS OU FINIT LA MISSION DIPLOMATIQUE ET OU EXPIRENT LES FONCTIONS DU MINISTRE PUBLIC.

375. — A. FIN DE LA MISSION DIPLOMATIQUE, PAR LA CONCLUSION DE L'AFFAIRE OU DE LA NÉGOCIATION QUI ÉTAIT LE BUT DE LA MISSION. — Il en serait ainsi s'il s'agissait, par exemple, de mission de cérémonie, de félicitations à l'occasion d'une élection, d'un couronnement, d'une mission de condoléances, d'une négociation de paix. — La négociation serait considérée comme terminée si elle se trouvait manquée. Il n'est pas nécessaire de produire des lettres de rappel : Calvo, t. 3, n. 1366; Pradier-Fodéré, t. 3, n. 1517.

376. — B. EXPIRATION DU TERME FIXÉ. — La mission d'un agent diplomatique envoyé dans un congrès prend fin avec le congrès; celle d'un agent diplomatique par intérim par le retour du ministre absent à son poste. Dans ces cas, un rappel formel n'est pas nécessaire. Le chargé d'affaires, lors du retour du ministre dont il exerce les fonctions, rentre dans la classe de secrétaire d'ambassade sans avoir besoin de lettres de rappel : Pradier-Fodéré, t. 3, n. 1516.

377. — C. RAPPEL. — Le rappel peut avoir lieu en tout temps. Il doit être officiellement notifié : Trib. civ. Seine 25 mai 1882 (Journ. dr. intern. pr. 83, 42). Le ministre est rappelé par lettre dite de rappel : 1° lorsque le but de la mission est atteint, ou qu'on perd l'espoir de l'atteindre ; 2º pour des motifs particuliers, indépendants des relations entre les deux Etats ; 3º pour cause de mésintelligence ; soit que le gouvernement ait demandé le rappel ; soit que le gouvernement qui a accrédité le ministre se plaigne d'une lésion de droit international, ou se serve de rétorsion ; soit enfin que les différends survenus menacent d'une rupture : Pradier-Fodéré, t. 3, n. 1518.

378. — Lorsqu'un ministre vient à être rappelé d'une Cour, sans qu'il existe des raisons de mésintelligence qui l'obligent à la quitter, il est d'usage de lui faire remplir à peu près les mêmes formalités observées par lui lors de son arrivée. Les ministres de première et de seconde classe, quelquefois aussi les ministres résidents, remettent au souverain dans une audience de congé, publique ou privée, leurs lettres de rappel, en tenant un discours qui termine leurs fonctions ministérielles : G.-F. de Martens, n. 240 ; Heffter, n. 226 ; Calvo, t. 3. n. 1365 ; Pradier-Fodéré, t. 3. n. 1519. — La forme de la lettre de rappel est la même que celle de la lettre de créance. Le souverain remet au ministre partant, en réponse à la lettre de rappel, une lettre dite de recréance, dans laquelle il exprime la satisfaction de la conduite tenue par le ministre pendant le séjour à sa Cour : G.-F. de Martens, Heffter, *loc. cit.* — On l'accompagne très souvent de l'envoi de présents, ou bien, selon les usages les plus récents, de décorations. Toutefois, c'est là une affaire de pure convenance et il n'y a rien d'obligatoire : G.-F. de Martens, Heffter, *loc cit.* ; Pradier-Fodéré, t. 3, n. 1521. — V. à propos des présents : note de Pinheiro-Ferreira, sur G.-F. de Martens, édit Vergé, *loc cit.*, et Pradier-Fodéré.

379. — Si le ministre public est rappelé pour cause de mésintelligence, les circonstances doivent décider si on lui enverra une lettre de rappel, s'il demandera et obtiendra une audience de congé, et si des présents seront offerts ou acceptés : G.-F. de Martens, n. 240 ; Calvo, t. 3, n. 1552.

380. — Toutes les fois que l'agent diplomatique change de grade, est appelé à un rang plus élevé, ou passe d'une situation temporaire à un poste permanent, il y a lieu à l'envoi et à la remise officielle de nouvelles lettres de créance : Calvo, t. 3, n. 1366.

381. — D. Décès du ministre public. — Lorsqu'un agent diplomatique vient à mourir dans le pays où il a été envoyé, il n'existe aucun cérémonial particulier relativement à sa sépulture. — On peut cependant exiger des funérailles décentes : G.-F. de Martens ; Heffter, n. 225 ; Calvo, t. 3, n. 1523.

382. — Le droit d'exterritorialité, dont le défunt jouissait de son vivant, autorise la famille à faire transporter le corps embaumé dans sa patrie. — En ce cas, si le corps n'est pas inhumé dans le lieu même du décès, il est d'usage de l'exempter des droits d'étole et d'autres charges sur le territoire que le convoi doit traverser : G. F. de Martens, n. 242 ; Heffter, n. 225 ; Calvo, t. 3. n. 1364 ; Pradier-Fodéré, t. 3, n. 1523.

383. — Les personnes de la suite du ministre public décédé continuent à jouir pendant un certain délai qui leur est fixé, ou jusqu'à leur départ, des immunités auxquelles elles pouvaient prétendre de son vivant. Elles peuvent, bien entendu, y renoncer en rentrant dans la vie privée : Heffter, Calvo, *loc. cit*; Pradier-Fodéré, t. 3. n. 1527.

384. — La succession du ministre public décédé devant être considérée comme ouverte dans le pays qui l'a envoyé, et qui est le sien, c'est d'après les lois de ce pays que doivent être jugés le droit de succéder « ab intestat » ou la validité du testament du ministre : Calvo, *loc. cit*. ; Pradier-Fodéré, t. 3, n. 1525. — Les biens meubles dépendant de la succession doivent être remis libres de droits de mutation et d'autres charges : Heffter, *loc. cit.* ; Pradier-Fodéré, *loc cit.* — Le partage de la succession est exclusivement régi par les lois de la patrie du défunt. Mais il est permis aux créanciers, dans le pays du décès, d'y faire valoir tous leurs droits : Ibid. — Quant aux biens fonds, aux biens immobiliers, comme ils sont toujours assujettis aux lois du pays où ils se trouvent, la succession ceux de ces biens que le ministre public possédait dans le pays de sa résidence doit être régie par les lois de ce pays : Merlin, Répert., v° Min. publ., p. 255 ; Pradier-Fodéré, t. 3, n. 1523.

385. — L'État seul qui était représenté par le ministre décédé peut procéder à l'apposition des scellés et à la confection de l'inventaire. — C'est le secrétaire d'ambassade qui y procède : Heffter, n. 225 ; Calvo, t. 3, n. 1364 ; Pradier-Fodéré, t. 3, n. 1524. — En l'absence d'un représentant quelconque de cet Etat, ce soin incombe au représentant d'une puissance amie : Ibid. — Les autorités locales ne peuvent accomplir ces formalités qu'accidentellement, dans les cas extrêmes ; elles doivent procéder alors avec tous les ménagements dus aux intérêts de la puissance alliée : Ibid.

386. — E. Démission du ministre public. — Il faut que la démission soit acceptée par son souverain. — Le ministre peut continuer ses fonctions jusqu'à l'arrivée de son successeur, ou remettre la direction de la légation à un agent par intérim : Pradier-Fodéré, t. 3, n. 1532.

387. — F. Déclaration du ministre public. — La déclaration est expresse quand le ministre public annonce au gouvernement auprès duquel il est accrédité la rupture des relations diplomatiques. — Elle est tacite quand, par exemple, il demande simplement ses passeports. — La rupture des relations diplomatiques par ce procédé peut avoir lieu quand il a été porté gravement atteinte aux droits ou à l'honneur de l'agent diplomatique, ou quand des obstacles importants sont survenus dans le cours des négociations. — Il n'y a pas de remise de lettres de rappel : Pradier-Fodéré, t. 3, n, 1533.

388. — G. Renvoi du ministre public. — Dans toutes les missions, il peut y avoir des cas où le gouvernement d'un Etat oblige un ministre étranger à partir sans attendre son rappel, soit à cause d'un mécontentement personnel, contre le ministre, soit par rétorsion, ou pour d'autres raisons d'État, en faisant savoir au ministre qu'il pourra prendre congé, ou en lui fixant un terme pour quitter la résidence et le territoire, ou enfin en le faisant escorter jusqu'aux frontières : Pradier-Fodéré, t. 3, n, 1534.

389. — H. Renvoi du ministre public. — Refus de
le recevoir, de traiter avec lui. — Ce droit n'est pas
contestable, mais doit être renfermé dans de justes bornes.
Il faut des motifs graves, et des explications précises doivent être données ; sinon, le gouvernement s'exposerait à
des mesures de rétorsion, à une demande en réparation :
Pradier-Fodéré, *loc, cit.*

390. — Guerre entre les deux Etats. — Un arrêt
de la Cour suprême d'Autriche a jugé que l'Etat d'hostilités entre deux Etats ne met pas fin à leurs relations
diplomatiques, mais les suspend. La question s'était posée
incidemment et à propos d'une interprétation de volonté.
Cet arrêt n'est qu'un arrêt d'espèce : V. Journ. dr. intern.
pr. 1876, p. 44.

Sect. III. — Suspension de la mission diplomatique.

391. — En théorie, le décès du souverain ne met pas
fin aux missions diplomatiques. En pratique, cependant,
on renouvelle les lettres de créance. — La notification de
l'avènement peut dispenser de cette formalité, si elle contient en même temps le renouvellement du mandat : Calvo,
t. 3. n. 1367 ; Pradier-Fodéré, t. 3, n. 1528 et 1529. —
Dans les républiques, le décés du président ne donne pas
lieu au renouvellement des lettres de créance, soit des
ministres accrédités par lui, soit des ministres accrédités
auprès de lui. Ibid.

392. — L'abdication volontaire, soit dans une monar-
chie, soit dans une république, doit être assimilée au
décès : Pradier-Fodéré, t. 3, n. 1531. — L'abdication
forcée ou destitution donne lieu aux formalités suivantes :
1° les envoyés de l'ancien gouvernement doivent présenter
de nouvelles lettres de créance, ou la confirmation des
anciennes, si l'Etat auprès duquel l'envoyé réside s'en
contente ; 2° les envoyés auprès du nouveau gouvernement, si le souverain qui les a accrédités le reconnaît, pré-
sentent la confirmation de leurs lettres de créance, ou

entrent purement et simplement en relation avec lui :
Pradier-Fodéré, t. 3. n. 1531 ; V. Pinheiro-Ferreira, sur
G.-F. de Martens, n. 239.

393. — Quand, par suite d'événements imprévus, le
ministre se trouve dans le cas de suspendre ses fonctions,
il ne cesse jamais pour cela de jouir des prérogatives dues
à son caractère public : la suspension a pour effet seulement l'interruption des relations d'Etat à Etat : Heffter,
n. 224 ; Ch. Vergé, sur Martens, n. 239.

FIN

NOTICE BIBLIOGRAPHIQUE RAISONNÉE

Nous avons dû nous contenter, pour cette notice, de faire un choix parmi les nombreux ouvrages qui traitent plus ou moins directement des *agents diplomatiques*, et de ne citer que les plus importants. La liste de tous les ouvrages écrits sur la matière, parus tant à l'étranger qu'en France, serait très longue et du reste inutile. Nous avons indiqué, autant qu'il nous a été possible, pour les traités qui n'ont pas pour objet unique l'étude des *agents diplomatiques*, la partie où la matière qui nous occupe est traitée. Enfin, pour faciliter les recherches, nous avons fait suivre par l'abréviation B. A. le titre et l'édition des ouvrages que l'on trouverait à la bibliothèque des avocats du barreau de Paris.

I. — OUVRAGES GÉNÉRAUX SUR LE DROIT PUBLIC.

A.—Traités.

Dix - septième Siècle.

Hugoni Grotii. — De Jure Belli ac Pacis libri tres, in quibus jus naturæ et gentium : item juris publici præcipua explicantur. *Parisiis*, M.DC.XXV (B. A.). *Amstelædami*, 1663, 1670 (B. A.); *Francofurti ad Mœnum*, 1696 (B. A.).

— Le Droit de la Guerre et de la Paix, par Huges Grotius. Nouvelle traduction par Jean Barbeyrac. *Amsterdam*, M.DCC.XXIV, 2 vol. (B. A.).

— Le Droit de la Guerre et de la Paix, par Grotius.

Nouvelle traduction par P. Pradier-Fodéré. *Paris,* 1865-1867, 3 vol. (B-A.)

>   Voir : L. II, ch. xviii : De Legationum jure (Du droit des Ambassades).

Richard Zouch. — Juris et judicii fecialis, sivé juris inter gentes, et quæstionum de eodem explicatio. *Oxford,* 1650. Ed. post. : *Leyde, La Haye, Mayence.*

Dix-huitième Siècle.

Pufendorf (Baron Samuel de). — Le droit de la nature et des gens. Traduction de Jean Barbeyrac. *Amsterdam,* 1706, 1712, 2 vol.; *Londres,* 1740, 3 vol. (B. A.).

>   Voir : L. I, ch. v, par. 14; L. I, ch. vi, par. 13; L. VII, ch. ii. par. 24; L. VIII, ch. iv, par. 20, 21.

Gundling. — Jus naturæ et gentium. *Halæ Magdeb.,* 1728.

J.-J. Schmauss. — Corpus juris gentium academicum. *Leipzig,* 1730-32, 2 vol.

De Bielfeld. — Institutions politiques. *La Haye,* 1740, 2 vol.

Montesquieu. — De l'Esprit des lois (B. A.).

>   Voir : L. XXVI, ch. xxi : Qu'il ne faut pas décider par les lois politiques les choses qui appartiennent au droit des gens.

De Vattel. — Le Droit des Gens. *Londres,* M.DCC.LVIII, 2 vol. (B. A.); *Paris,* nouv. édit., 1830, 2 vol. (B. A.); *Paris,* 1833, 3 vol.; *Paris,* édit. d'Hauterive, 1838, 2 vol. (B. A.); *Paris,* nouv. édit., par P. Pradier-Fodéré, 1863, 3 vol.

>   Voir : L. IV, ch. v-ix.

De Wolff (Christian L. B.). — Institutiones juris Naturæ et Gentium. *Halæ Magdeburgicæ,* 1752, 1774 (B. A.).

>   Voir : T. VI, Partie 6e, ch. x : De jure legationum.

— Institutions du Droit de la Nature et des Gens, traduites du latin par M. M... Edit. nouv. d'Elie Luzac. *Leide,* 1772, 6 vol. (B. A.).

J.-J. Moser. — Versuch des neuesten Europæischen Vœlkerrechts. 1777-1780, 10 vol.

>   Voir : T. III.

— Beitræge zu dem neuesten Europæischen Vœlkerrecht.

>   Voir : T. III.

Martens (G.-F. de). — Précis du Droit des Gens moderne de l'Europe. Edit. fr. *Gœttingue,* 1788, 1801, 1820; *Paris,* nouvelle édition, avec des notes de S. Pinheiro-Ferreira, 1831;

2 vol. (B. A.); *Paris,* édit. Vergé, 1854, 1864; édit. all., 1796.
Voir : L. VII.

Dix-neuvième siècle.

Kluber (J.-L.). — Droit des Gens moderne de l'Europe. Première édition en français; édit. postér., *Stuttgart,* 1819 ; *Paris,* 1831, 2 vol. (B. A.); première édition en allemand, *Stuttgart,* 1821; deuxième, 1847; troisième, *Schaffouse,* 1851; nouv. édit. fr. par Ott, *Paris,* 1861, 1 vol. (B. A.)
Voir : Partie II, t. II, ch. iii, n. 166-230.

Gérard de Rayneval. — Institutions du Droit de la Nature et des Gens. *Paris,* an XI (1803), 1 vol.; 1832, 2 vol. (B. A.), 1851.

Schmelzing (Jul.). — Systematischer Grundriss des Europæischen Vœlkerrechts. *Rudolstadt,* 1818-1820, 3 vol.
Voir : II, p. 90 et suiv.

Burlamaqui (J.-J.). — Principes du Droit de la Nature et des Gens. *Paris,* n. éd. Dupin, 1820-21, 5 vol. (B. A.).
Voir : Partie VI, ch. xiii.

Schmalz. — Le Droit des Gens européen. Traduction de l'allemand par le comte Léopold de Bohm. *Paris,* 1823 (B. A.).
Voir : L. III.

Pinheiro-Ferreira. — Observations sur quelques passages du Manuel diplomatique de M. le baron Ch. de Martens (sans nom d'auteur). *Paris,* 1825 (B. A.).
Voir : p. 6 et suiv.

— Parues avec plus de développements sous le titre de : Observations sur le Guide diplomatique de M. le baron Ch. de Martens, par le commandeur Pinheiro-Ferreira. *Paris,* 1833 (B. A.).
Voir : Ch. ii-ix.

Battur. — Traité de Droit politique et de Diplomatie. 1828, 2 vol.

Isambert. — Tableau des progrès du Droit public et du Droit des Gens jusqu'au dix-neuvième siècle, *Paris,* 1829 (B. A.)
Voir : p. 98, 192, 229 et suiv.

Pinheiro-Ferreira. — Cours de Droit public. *Paris,* 1830, 2 vol. (B. A.).
Voir : Sect. II, art. x.

Garden (Comte de). — Traité complet de Diplomatie. *Paris,* 1833, 3 vol. (B. A.).
Voir : T. I, p. 1 et suiv.; T. II, l. V.

HENRY WHEATON. — Eléments du Droit international. Edition anglaise, *Londres*, 1836; édit. fr. de l'auteur, *Leipzig-Paris*, 1848, 2 vol. (B. A.).

— Histoire des progrès du Droit des Gens (en français). 1841.

FŒLIX. — Traité du Droit international privé. *Paris*, 1843 (B. A); 1847; édit. Demangeot, 1856, 1866, 2 vol. (B. A.).

Voir : T. I, p. 146 et suiv., 179 ; T. II, p. 17.

HEFFTER (G.). — Das Europæische Vœlkerrecht der Gegenwart. *Berlin*, 1844, 1848, 1855, 1861, 1867, 1873, 1881, 1 vol.

— Le Droit international de l'Europe, traduit par Jules Bergson. *Berlin-Paris*, 1857, 1866; édit. Henrich Geffcken, 1873, 1883.

Voir : L. III, ch. I-II.

RIQUELINE. — Elementos de derecho publico internacional. *Madrid*, 1849, 2 vol.

ROBERT PHILLIMORE. — Commentaries upon international law. *London*, 1854; deuxième édition, 1871-74, 4 vol.

Voir : Partie VI, ch. II, t. II, n. 114-242.

TRAVERS-TWISS. — Le Droit des Gens ou des Nations considérées comme communautés politiques indépendantes. — I. Des Droits et des Devoirs des Nations en temps de paix. Edition anglaise, 1861, 1883; édit. fr., *Paris*, 1887.

Voir : Ch. XII, n. 199-223.

PASQUALE FIORE. — Nouveau Droit international public, suivant les besoins de la civilisation moderne, traduit de l'italien par P. Pradier-Fodéré. *Paris*, 1868-1869, 2 vol. (B. A.); traduction de la deuxième édition italienne entièrement refondue, par Ch. Antoine, *Paris*, 1885-86, 3 vol.

Voir : Partie III.

CHARLES CALVO. — Derecho internacional teórico y práctico de Europa y América. *Paris*, 1868, 2 vol.; deuxième édition : Le Droit international théorique et pratique. *Paris*, 1870-72, 2 vol.; 1880, 4 vol. (B. A.); *Berlin-Paris*, 1887-88, 5 vol.

Voir : T. III, l. XVI, section I-II; T. III, l. XVIII, n. 1451-1453, et la sect. II.

BLUNTSCHLI. — Das moderne Vœlkerrecht der civilisirten Staaten, etc. Première édition allemande, 1868; troisième. 1878.

— Le Droit international codifié, traduit de l'allemand par C. Lardy. *Paris*, 1869, 1874, 1881 (B. A.), 1886.

Voir : Règles 159 à 243.

WILLIAM BEACH LAWRENCE. — Commentaires sur les Eléments du Droit international et sur l'Histoire des progrès du Droit des Gens, de Henry Wheaton. *Leipzig*, 1868-69-73-80, 4 vol. (B. A.).

Léopold de Neumann. — Grundriss des heutigen europæischen Vœlkerrechtes. *Wien*, troisième édition, 1884.

— Traduction par A. de Riedmatten (sur cette édition). *Paris*, 1886, 1 vol. (B. A.).

David Dudley Field. — Draft Outlines, 1872; deuxième édition : Outlines of an international Code. *New-York and London*, 1876.

— Projet d'un Code international proposé aux diplomates, aux hommes d'Etat et aux jurisconsultes de droit international, traduit de l'anglais par Albéric Rolin. *Paris-Gand*, 1881, 1 vol. (B. A).

Voir : Tit. III, ch. xi, xii.

Pietro Esperson. — Diritto diplomatico e giuridizione internazionale marittima. *Roma Torino Firenze*, 1872, 2 vol. ; *Milano*, 1874.

Voir : T. I, n. 1-363.

Andrea Bello. — Principios de derecho internacional. *Paris*, 1873, 1 vol.

Bulmerincq. — Praxis, Theorie und Codification des Vœlkerrechtes (Pratique, théorie et codification du Droit des Gens). *Leipzig*, 1874, 1 vol.

Pasquale Fiore. — Traité de Droit pénal international et de l'Extradition, traduit et annoté par Ch. Antoine. Paris, 1880, 2 vol. (B. A.); édit. ital. Première, 1875-1876; deuxième, 1878.

Voir : N. 22-29.

Lud. Casanova. — Del diritto internazionale. *Firenze*, 1876, troisième édition, 2 vol.

Funck-Brentano et Sorel. — Précis du Droit des Gens. *Paris*, 1877, 1887, 1 vol.

Voir : L. I, ch. i.

Alcorta. — Tratado de derecho internacional. *Buenos-Ayres*, 1878, 1 vol. paru.

Laurent (F.). — Droit civil international. *Bruxelles-Paris*, 1880-81, 8 vol. (B. A.).

Voir : T. III, n. 1-25, 59-88; T. IV, n. 238-262.

Carnazza-Amari. — Traité de Droit international public en temps de paix, traduit en français par Montanari-Revest. *Paris*, 1880-82, 2 vol. (B. A).

Voir : T. II, sect. III, ch. i-vii.

ARNTZ (E.-R.-N.). — Programme du cours de Droit des Gens. *Bruxelles*, 1882, 1 vol.
> Voir : N. 158-192.

MARTENS (F. DE). — Traité de Droit international, traduit du russe par Alfred Léo. *Paris*, 1883-87. 3 vol.
> Voir : T. III, l. I, ch. II.

BULMERINCQ (Dr A. v.). — Vœlkerrecht (dans Marquardsen's Handbuch des œffentlichen Rechts (IIe demi-vol., 2e livraison). *Feibürg i. B. Tübingen*, 1884.
> Voir : Partie II, ch. I.

LORIMER. — Principes de Droit international, traduit par E. Nys. *Bruxelles*, 1885, 1 vol.

ALCORTA. — Curso de derecho internacional publico. *Buenos-Ayres*, 1887.

PRADIER-FODÉRÉ (P.). — Traité de Droit international public européen et américain. *Paris*, 1885-87-88. 4 vol. parus.
> Voir : T. III, n. 1225-1591.

B. — Dictionnaires et Répertoires.

BÉQUET. — Répertoire du Droit administratif.
> Voir : Agent diplomatique.

BOUCHEL. — Bibliothèque du Droit français.
> Voir : Ambassadeur : Quæstio vetus et nova, an legatum adversus principem vel rempublicam ad quam missus est, delinquentem, salvo jure gentium capere retinere ac punire liceat.

BRILLON (Pierre-Jacques). — Dictionnaire des arrêts, ou Jurisprudence universelle des Parlements de France. *Paris*, n. éd., 1727, 6 vol. (B. A.).
> Voir : Ambassadeurs, t. I.

DALLOZ. — Répertoire méthodique et alphabétique de législation, de doctrine et de jurisprudence. *Paris*, 1845-1864, 1870, 48 vol.; 1887-88, Suppl., 2 vol. (B. A.).
> Voir : T. III (1846), et Suppl., t. I (1887) : Agent diplomatique.

FUZIER-HERMAN. — Répertoire général alphabétique du Droit français. *Paris*, 1886-88, 4 vol. parus (B. A.).
> Voir : T. III : Agent diplomatique ou consulaire.

LEDRU-ROLLIN. — Répertoire général (Journal du Palais). *Paris*, 1845, 12 vol. (B. A.).
> Voir : Agent diplomatique, t. I.

MERLIN. — Répertoire universel et raisonné de jurisprudence.

Paris, quatrième édition, 1812-1815 (t. I-XIV); 1815-1825 (t. XV-XVII) (B. A.).

> Voir : T. VIII : Ministre public.

PAILLET. — Dictionnaire de Droit.

> Voir : Agent diplomatique.

EDMOND PICARD et N. D'HOFFSCHMIDT. — Pandectes belges; Répertoire général de législation, de doctrine et de jurisprudence belges. *Bruxelles*, 1878-1888, 28 vol. parus (B. A.).

> Voir : T. VI : Agent diplomatique.

RIVIÈRE. — Pandectes françaises. *Paris*, 5 vol parus (B. A.).

> Voir : T. V (1889) : Agent diplomatique.

TOMLIN. — Law Dictionary. *London*, 1840, 2 vol. (B. A.).

> Voir : Ambassadeur.

VINCENT et PENAUD. — Dictionnaire de Droit international privé. *Paris*, 1887, 1 vol.; 1889, 1 vol. de suppl. (B. A.).

> Voir : Agent diplomatique (dans les deux volumes). .

II. — OUVRAGES SPÉCIAUX SUR LES AGENTS DIPLOMATIQUES EN GÉNÉRAL.

A. — Traités.

Treizième-quatorzième Siècles.

MARTIN DE LODI. — De legatis principum.

ANDRÉ DE BARBATIA. — De cardinalibus a latere legatis. *Lyon*, 1518 (édit. post.).

GONZALVE DE VILLADIEGO. — De legatis.

Quinzième Siècle.

GAREATIS. — De legatis.

Seizième Siècle.

CONRADI BRUNI (Conrad Brauw). — De legationibus, libri quinque. *Maguntiæ* (Mayence), 1548.

ALBERICI GENTILIS. — De legationibus libri tres. *London*, 1583, 1585; *Hannover*, 1594, 1607, 1612.

CAROLI PASCALII, — Legatus. *Roüen*, 1598; *Paris*, 1613; *Amsterdam*, 1645.

Christophe Warszevicki (Warsevicius). — De legato et legatione.
Christophe Besold. — De legatis eorumque jure.

Ont encore écrit sur le Droit d'ambassade les auteurs suivants :

Van Arum, R. Kœnig, Michel Rasch, Gerhardt, Krembergk, Ayrault, Félix de la Mothe le Vayer, Etienne Dolet, Octavien Maggi, Ferretti, Chokier, Lansius, Zieritz, Théodore-Godefroy Jonas.

Herman Kirchner. — Legatus ejusque jura, dignitas et officium. *Lich*, 1603; *Marpurg*, 1608, 1614.

Anastasii Germonii. — De legatis principum et populorum, libri tres. *Romæ*, M.DC.XXVII. — Un contemporain de Grotius (l'archevêque Germonius), par Luigi Olivi. *Revue de Droit international*, t. XIX (1887), p. 17.

Frédéric de Marselaer. — Κηρυχειον sive legationum insigne. *Antverpiæ* (Anvers), 1618.

Don Antonio de Vera et de Cuñiga. — Le parfait Ambassadeur, divisé en trois parties, traduit en français par le sieur Lancelot. *Paris*, 1635.

Howel. — Discourse on precedency of Kings where into is also adjoined a treatise of ambassadors. *London*, 1664.

Coring. — De legatione. 1668.

Richard Zouch. — Solutis quæstionis veteris et novæ, sive de legati delinquentis judice competente dissertatio. Notes de Christian Henelius. *Berlin*, 1669.

A. de Wicquefort. — Mémoire touchant les ambassadeurs, 1677.

Galardi. — Réflexions sur les Mémoires pour les ambassadeurs. *Villefranche*, 1677.

A. de Wicquefort. — L'ambassadeur et ses fonctions. *La Haye*, 1681, 2 vol. *Cologne*, 1715, 2 vol. (B. A.). Ed. Barbeyrac, *Amsterdam*, 1730, 1746.

Jacques Thomasius. — De inviolabilitate legatorum.

Cocceji. — Dissertatio de repraesentativa legatorum qualitate. *Heidelberg*, 1680.

— Dissertatio de legato inviolabili. *Heidelberg*, 1684.

Leti. — Cæremoniale historico-politicum. *Amsterdam*, 6 vol., 1685.

Christian Thomasius. — De jure asyli legatorum œdibus competente. *Lipsiæ*, 1689, 1698, 1695; *Halle*, 1714-1730.

Lavardinus. — Legatio romana ejusque cum romano pontifice Innocentio XI. Dissidia 1688, 1697.

Schleusing. — De legatorum inviolabilitate. *Leipsig*, 1690 ;
Viteb., 1743.

Wagenseil (G.). — De legato a latere. *Altorf*, 1696.

Cæsarinus Furstenerius (pseudonyme de Leibnitz). — De jure
suprematus Electorum et principum Germaniæ.

— Entretiens de Philarète et d'Eugène touchant la souveraineté des Electeurs et Princes de l'Empire. (Abrégé du précédent.) 1re éd., 1678. Edition des œuvres de Leibnitz, par
A. Foucher de Careil. Paris, 8 vol., voir t. VI, p. 343.

Dix-huitième Siècle

Winterfeld. — Teutsche und ceremonial politica. *Francfort
Leipsig*, 1700, 1702, 3 vol.

Justin Presbenta (pseudonyme de Henniges). — De jure lega-
tionis statuum Imperii. 1704.

Willenberg. — De juridictione legati in comites suos. *Gedani*,
1705.

Upmark (J.). — De franchisia quarteriorum, seu jure asyli apud
legatos. *Upsal*, 1706.

Ludovicus. — De capitulationibus bellicis. *Halae*, 1707.

Waldner de Freundstein (F. I.). — De firmamentis conven-
tionum publ. *Giessen*, 1709, 1753.

Gundling (N. H.). De efficientia metus in promissionibus libe-
rarum gentium,... *Halae*, 1711.

Stievens (G.). — Europaeisches Hofceremonial. *Leipsig*, 1714,
1723.

De Callières. — De la manière de négocier avec les souverains. *Paris*, 1716 ; *Londres*, 1750 ; *Ryswick*, 1756.

Stephanus Cassius (pseudonyme). — De jure et judice legatorum diatribe. *Francfort*, 1717.

Lunig. — Theatrum cæremoniale historico-politicum. *Lipsiæ*,
1720, 2 vol.

Fleischer. — De juribus et judice competente legatorum.
1724.

Treitschke (Geo. Carl.). — De prudentia circa officium pacifi-
cationis inter gentes. *Lipsiæ*, 1727.

Cornelii van Bynkershoek. — De foro legatorum tam in causa
civili quam criminali, liber singularis, 1730, dans l'édition
de ses œuvres : *Lugduni Batavorum*, apud Joannem van der
Linden, 1710-1744, 6 vol.; *Coloniae Allobrogum*, 1761, 1 vol·
(B. A.).

— Traduit et annoté par Barbeyrac, publié à la suite de son édition de Wicquefort, d'*Amsterdam*, 1730 et 1746.

ROHR (J. B. de). — Einleitung zur ceremonial Wissenschaften, *Berlin*, 1730, 1735.

FRANSQUENAY (J. de la Sarra du). — Le ministre public dans les cours étrangères, ses fonctions et ses prérogatives. *Paris*, 1731.

ULICH (J. G.). — Le droit des ambassadeurs et autres ministres publics les plus éminents. *Leipsig*, 1731.

RITTER (C. D.). — De fecialibus populi Romani. *Lipsiæ*, 1732.

CONRADUS (F.-C.). — De fecialibus et jure feciale populi Romani. *Helmstadt*, 1734.

HAGEDORN. — Discours sur les différents caractères des envoyés ordinaires, etc. *Amsterdam*, 1736.

BUDER. — De legationibus obedientiæ. *Tenæ*, 1737.

CORNELII VAN BYNKERSHOEK. — Quæstionum juris publici, 1737, dans l'édition *Lugduni Batavorum*, 1710-1744. V. suprà.
   Voir : L. II.

GEBAUER (G. Chr.). — Programma de cærem, natura atque jure. *Gœttingen*, 1737.

ROUSSET DE MISSY. — Le cérémonial diplomatique. *Amsterdam*, 1739.

ICKSTADT. — De legatorum in civitatibus immediatis ac liberis residentium privilegiis ac juribus. *Wurtzbourg*, 1740.

KAYSER (J. J.). — De legato testatore. *Giessæ*, 1740.

JUGLER. — De litteris legatorum credentialibus. *Ienæ*, 1741.

ROUSSET. — Mémoires sur le rang et la préséance entre les souverains de l'Europe et entre leurs ministres représentants, pour servir de supplément à l'ambassadeur et ses fonctions de M. de Wicquefort. *Amsterdam*, 1746.

ACHENWALL. — De transitu et admissione legati ex pacto repentis. *Gœttingen*, 1768.

PAULUS (C. F.). De obsignatione rerum legati ejusque comitatus diss. *Halæ*, 1751.

NETTELBLADT. — De forma litterarum credentialum. *Halæ*, 1753.

BECK (Chr.) — Versuch einer Staatspraxis, oder Canzeleiübung aus der Politik des Staats-und Vœlkerrechts. *Wien*, 1754, 1778.

MOSER (C. F. de) — L'ambassadrice et ses droits. *Francfort*, 1757.

LESCALOPIER DE NOURAR (C. A.). — Le ministère du négociateur. *Paris*, 1763.

Hoogeveen. — Legatorum origo et sanctimonia. *Lugduni Bata-vorum.*

Woller (C. F.). — De modis qui firmandis pactionibus publicis proprii sunt. *Vindobonæ* (Vienne), 1775.

J. Baron de Pacassi. — Einleitung in die sæmmtlichen Gesan-dtschaftsrechte. *Wien*, 1777.

Treitschke (Geo. Carl.). — Versuch einer Bestimmung und Beantwortung der Frage : Ob die am Kaiserlichen Hofe resi-derende reichsstaendische Gesandten der Geruhtbarkeit des Reichshofraths unterworfen sind. *Leipsig*, 1777.

Wæchter (Fred. Ch.). — De modis tollendis pacta inter gentes. *Stuttgard*, 1779-80.

J. J. Moser. — Gesandtschaftsrecht. 1780.

Ahert (C.-G.) Lehrbegriff der Wissenschaften, Erfordernisse und Rechte der Gesandten. *Dresden*, 1784, 2 vol.

Rœmer (C. H. de) Versuch einer Einleitung in die rechtlichen, moralischen und politischen Grundsaetze über die Gesandts-chaften. *Gotha*, 1788.

Mabillon. — De re diplomatica. *Naples*, 1789.

Rœmer (Ch. de). — Handbuch für Gesandte. *Leipsig*, 1791.

Leopoldus (P. C. A.). — De effectu novi belli quoad vim obli-gandi pristinarum obligationum. *Helmstadt*, 1792.

Dix-neuvième Siècle

Bensen (H.). — Versuch systematischen Entwickelung der Lehre von Staatsgescheften. *Erlangen*, 1800-1802, 2 vol.

Hellbach. — Handbuch des Rangrechts. *Anspach*, 1804.

Fr. Xav. de Moshamm. — Europæisches Gesandtschaftsrecht. *Landshurt*, 1805.

Trœltsch (E. W. de). — Versuch einer Entwickelung der Grund-sdetze, nach welchen die Fortdauer der Vœlkervertraege zu beurtheilen. *Landsuth*, 1809.

Dassel (Chr.) . — Ueber Friede und Friedenstractate, conven-tionen, capitulationen, etc. *Neustadt*, 1817.

Kamptz (C. A. V.). — Neue literatur des Wœlkerrechts seit dem J. 1784; als Ergænzung u. Fortsetzung des Werks des Gesandten Van Ompteda. *Berlin*, 1817.

Baron Charles de Martens. — Guide diplomatique. *Paris*, 1822, 2 vol.; 2e édit. *Paris-Leipzig*, 1832, 2 vol. (B. A.); 5e édit. de Geffcken. *Paris*, 1866.

Meisel (H.) — Cours de style diplomatique, d'après les cahiers de M. d'Appel. *Dresde*, 1823-26; *Paris*, 1826, 2 vol.

156   NOTICE BIBLIOGRAPHIQUE

— Dissertation de legatis rebusque ab his agendis. *Traj.*, 1827.

PORLIER SAENZ DE ASTIGUETA. — El joven diplomatico. *Madrid,* 1829.

DE HOFMANN. — Traité complet de diplomatie. *Paris*, 1833, 1 vol.

SNOUCKAERT VAN SCHAUBURG. — Essai sur les ministres publics. *La Haye*, 1833.

WEISKE. — Considérations sur les ambassadeurs des Romains, comparés avec les modernes. *Zwickau*, 1834.

DE HOFMANN. — Guide diplomatiqne. *Bruxelles,* 1838.

FŒLIX. — De l'exterritorialité par rapport au ministre public, et particulièrement de la prohibition de saisir les objets mobiliers dont il a garni l'appartement par lui pris à loyer. *Revue de droit francais et étranger*, t. II. (1845) (B. A.).

MIRUS. — Das Europæische Gesandtschaftsrecht. — *Leipsig,* 1847.

TANCOIGNE. — Le guide des chanceliers. 1847.

LEUTRUM (Ad. Freih. von). — Beitraege zur Gestaltung einer Deutschen Diplomatie. *Wien*, 1848.

EVERSTEN DE TONGE (E.). — Over de Grenzen van de Reglen van Gezanten. *Utrecht*, 1850.

GESSNER. — De jure uxoris legati alque legatæ. *Hallæ*, 1851.

DE HOFMANNN ET DE WEGMANN. — Guide diplomatique, 4e édit. 1851.

MURRAY (Grenville). — Droits et devoirs des envoyés diplomatiques. *Londres,* 1853.

WURM (C. F.). — Ueber den Rang diplomatischer Agenten, in der Tub-Zeitsch, für Staatsrecht. 1854.

GHILLANI. — Diplomatische Handbuch. *Nordlingue*, 1855-1868.

VILLEFORT (A.) — Du privilège qui exempte le ministre de la juridiction locale et de la renonciation à cette immunité. *Revue critique de législation et de jurisprudence*, t. II (1858, février.) (B. A.). Paru aussi en brochure.

ALT. — Handbuch des Gesandtschaftsrechts. *Berlin*, 1870.

GUSTAW ROSZTOWSKI. — O poselstwach dyplomatycznych i konsulatach (Des ambassades et des consulats.) *Varsovie*, 1872, 1 vol.

PASQUALE FIORE. — Degli agenti diplomatici. *Pise*, 1875.

LEROY. — Des consulats, des légations et des ambassades. 1876.

HIERONYMUS KARL LUXARDO. — Das Pæpstliche Vordecretalen-Gesandtschaftsrecht (Le droit de légation dans la papauté avant les décrétales). *Innsbruck*, 1878.

Baron de Garcia de la Vega. — Guide pratique des agents diplomatiques du ministère des affaires étrangères. Cérémonial national et cérémonial de la Cour en Belgique. *Bruxelles-Paris*, 1879, 1 vol., 3e édit., 1881.

P. Pradier-Fodéré. — Cours de droit diplomatique. *Paris*, 1881, 2 vol. (B. A.).

Walpole. — Foreign relations. *London*, 1882.

Olivi. — Sull' inviolabilità degli agenti diplomatici. *Modène*, 1883.

Bousquet. — Agents diplomatiques et consulaires. *Paris*, 1883.

Ernest Nys. — Les commencements de la diplomatie et le droit d'ambassade jusqu'à Grotius. *Revue de droit international*, t. XV (1883), p. 577 ; t. XVI (1884), p. 55 et suiv.; 167 et suiv. (B. A.).

Slatin. — De la juridiction sur les agents diplomatiques. *Journal de droit international privé*, 1884, p. 331-342 et 463-477 (B. A.).

Krauske. — Entwickelung der stændigen Diplomatie. *Leipzig*, 1885.

Emile Stocquart. — Le privilège d'exterritorialité spécialement dans ses rapports avec la validité des mariages célébrés à l'ambassade ou au consulat. *Revue de droit international*, t. XX (1888), p. 259 (B. A.).

B. — Thèses.

Crouzet. — De l'inviolabilité et de l'exemption de juridiction civile et criminelle des agents diplomatiques. *Paris*, 1875.

De la Valle. — Des agents diplomatiques. *Genève*, 1875.

De Claparède. — Essai sur la représentation diplomatique. *Genève*.

Moraitinis. — Des ambassades. *Genève*.

C. — Dictionnaires et répertoires.

Ch. Calvo. — Dictionnaire-manuel de diplomatie et de droit international public et privé. *Berlin-Paris*, 1885, 1 vol.
   Voir : Agent diplomatique, exterritorialité, inviolabilité, etc., etc.

Cortès y Moralès. — Diccionario razonado de legislacion y jurisprudencia diplomatica consular. *Madrid*, 1874.

MOERUIL. — Dictionnaire des chancelleries diplomatiques et consulaires à l'usage des agents politiques français et étrangers. *Paris*, 1859, 2 vol.

DOM DE VAINES. — Dictionnaire raisonné de diplomatie. Nouv. édit. par Bonnety, 1883, 2 vol.

BARON FERDINAND DE CUSSY. — Dictionnaire ou Manuel Lexique du diplomate et du consul. *Leipzig*, 1846, 1 vol. (B. A.).

III. — OUVRAGES SPÉCIAUX

SUR LES AGENTS DIPLOMATIQUES CONSIDÉRÉS AU POINT DE VUE DE LA LÉGISLATION INTÉRIEURE DE CHAQUE PAYS

FRANCE

A. — Ouvrages sur la condition de l'étranger en France.

B. LÉGAT. — Code des étrangers, ou traité de la législation française concernant les étrangers. *Paris*, 1832, 1 vol. (B. A.).
> Voir : p. 10, 49, 50, 73.

C A. SAPEY. — Les étrangers en France. *Paris*, 1843, 1 vol. (B. A.).

CH. DEMANGEAT. — Histoire de la condition civile des étrangers en France dans l'ancien et le nouveau droit. *Paris*, 1844, 1 vol. (B. A.).
> Voir : n. 51.

EUG. SOLOMAN. — Essai sur la condition juridique des étrangers (Thèse de doctorat). *Paris-Tours*, 1844, 1 vol. (B. A.).

GAND. — Code des étrangers. *Paris*, 1853, 1 vol. (B. A.).
> Voir : Partie I, t. II.

GERBAUT. — Compétence des tribunaux français à l'égard des étrangers. *Paris*, 1882.

ANDRÉ WEISS. — Traité élémentaire de droit international privé. *Paris*, 1886, 1 vol.
> Voir : p. 888 et suiv.; 908 et suiv.

B. — Ouvrages sur le droit civil français.

I

V. MARCADÉ. — Explication théorique et pratique du Code Napoléon. *Paris*, 7ᵉ édit., 1872. 1884, 13 vol. (B. A.).

Voir : t. I, art. 3, II, n. 67; art. 48, n. 246.

DEMOLOMBE. — Cours de Code Napoléon (31 vol.) Traité de la publication des effets et de l'application des lois en général. *Paris*, 6ᵉ édit. 1880, 1 vol. (B. A.).

Voir : n. 72, 255.

AUBRY ET RAU. — Cours de droit civil français d'après la méthode de Zachariæ. *Paris*, 4ᵉ édit. 1866-1878, 8 vol. (B. A.).

Voir : t. I, p. 221, 222; t. V, p. 121; t. VII, p. 89, 90; t. VIII, p. 128, 141.

F. LAURENT. — Principes de droit civil français. *Bruxelles-Paris*, 1869-1878, 33 vol. (B. A.).

Voir : t. II, n. 10, 11; t. IV, n. 496, 498; t. XIII, n. 163, 164.

II

G. COGORDAN. — La nationalité. *Paris*, 1879, 1 vol. (B. A).

Voir : p. 78, 273.

DANIEL DE FOLLEVILLE. — Traité théorique et pratique de la naturalisation. *Paris*, 1880, 1 vol. (B. A.).

Voir : n. 139, 449.

C. — Ouvrages sur la législation pénale française

BOURGUIGON. — Manuel d'instruction criminelle. *Parts*, 3ᵉédit, 1811, 2 vol. (B. A.).

Voir : t. I, art. 6, note III; art. 91, n. XXIII; L. II, t. IV. ch. V, art. 514.

CARNOT. — De l'instruction criminelle. *Paris*, 2ᵉ édit. 1829-30, 3 vol.; Suppl. 1835, 1 vol. (B. A.).

Voir : t. III, sur l'article 514, p. 412 et suiv.

J. L. E. ORTOLAN ET LEDEAU. — Le ministère public en France. *Paris*, 1831, 2 vol. (B. A.).

Voir : t. II, p. 229.

J. M. LE GRAVEREND. — Traité de la législation criminelle en France. *Paris*, 1830, 2 vol. (B. A.).

Voir : t. I, ch. I, S. VII. 1°; ch. VI, S. IV, p. 264 et suiv.

ACH. MORIN. — Répertoire général et raisonné du Droit criminel. *Paris*, éd. nouv. 1850, 2 vol. (B. A.).

Voir : Agents diplomatiques.

Ch. Berriat-Saint-Prix. — Traité de la procédure des tribunaux criminels. *Paris*, 1851-54, 3 vol. (B. A.).
> Voir : Part. I, n. 75 ; Part. II, t. I, n. 311, 373.

Faustin-Hélie. — Traité de l'instruction criminelle. *Paris*, 2ᵉ édit., 8 vol. (B. A.)
> Voir : t. II, n. 642 à 651.

F. Duverger. — Manuel des juges d'instruction. *Paris*, 2ᵉ éd. 3 vol. (B. A.).
> Voir : t. I, n. 51 ; t. II, n. 271, 314.

A. F. Le Sellyer. — Traité de la Criminalité, de la Pénalité et de la Responsabilité, soit pénale, soit civile. *Paris*, 2ᵉ édit. 1874, 2 vol. (B. A.).
> Voir : t. II, S. 3ᵉ, n. 523 à 540.

Mangin. — Traité de l'action publique et de l'action civile en matière criminelle. *Paris*, 3ᵉ édit. par Alex. Sorel, 1876, 2 vol. (B. A.).
> Voir : n. 71, 79 à 83, 151.

G. Le Poitevin. — Dictionnaire-Formulaire des Parquets et de la police judiciaire. *Paris*, 1884-86, 3 vol. (B. A.).
> Voir : Agents diplomatiques.

D. — Ouvrages spéciaux sur la législation relative à la presse.

I. — LOIS ANCIENNES

Parant. — Lois de la Presse en 1836. *Paris*, 1836. (B. A.).
> Voir : p. 93, 94.

Chassan. — Traité des délits et contraventions de la Parole, de l'Ecriture et de la Presse. *Paris-Colmar*, 1837-39, 3 vol. (B. A.).
> Voir : t. I, p. 403 ; t. II, p. 449, 450.

A. de Grattier. — Commentaire sur les lois de la Presse. *Paris*, 1839, 2 vol. (B. A.).
> Voir : t. I, p. 215 et suiv.; p. 338 et suiv.

Th. Grellet-Dumazeau. — Traité de la Diffamation, de l'Injure, de l'Outrage. *Paris*, 1847, 2 vol. (B. A.).
> Voir : t. I, l. II, ch. ii, S. v, n. 414 ; l. III, ch. iii, S. iii, n. 624 et suiv.; t. II, l. IV, ch. ii, s. i, n. 1002.

Gustave Rousset. — Code général des lois sur la Presse. *Paris*, 1869, 1 vol. (B. A.).
> Voir : n. 1742, 1744.

II. — LÉGISLATION ACTUELLE

ALB. FAIVRE ET EDM. BENOIT-LÉVY. — Code manuel de la Presse.
 Paris, 1881 (B. A.).
   Voir : p. 179, 180.
G. DUTRUC. — Explication pratique de la loi du 29 juillet 1881
 sur la Presse. *Paris*, 1882 (B. A.).
   Voir : n. 274.
P. FABREGUETTES. — Traité des infractions de la Parole, de
 l'Ecriture et de la Presse. *Paris*, 1884, 2 vol. (B. A.),
   Voir : t. I, n. 1218 à 1221 ; t. II, n. 1650 à 1660.

E. — Ouvrages sur la législation interne des agents diplomatiques (carrière diplomatique).

CHEVREY-RAMEAU. — Répertoire diplomatique et consulaire.
 Paris, 1883, 1 vol.; suppl. 2 vol., 85, 86.
DE CLERCQ ET DE VALLAT. — Formulaire des Chancelleries di-
 plomatiques et consulaires. *Paris*, 5ᵉ édit., 1880, 2 vol.

ITALIE

ROCCO. — Dell'Uso e autorità delle leggi del regno delle Due-
 Sicilie, etc. *Napoli*, 1837, 1 vol. (B. A.).
   Voir : L. II, ch. XXXI.

ESPAGNE

ERNEST LEHR. — Le corps diplomatique et le corps consulaire
 en Espagne. — *Revue de droit international*, t. XX (1888),
 p. 174 et suiv.

AMÉRIQUE DU SUD

L. E. ALBERTINI. — Derecho diplomatico en sus aplicaciones es-
 peciales a las republicas Sud-Americanas. *Paris*, 1866,
 1 vol.

ANGLETERRE

STEPHEN. — New commentaries on the laws of England. *London*,
 1858, 4 vol. (B. A.).
   Voir : t. II.

Report from the select committee on diplomatic service. *London,* 1861.

Report from the select committee appointed to inquire into the constitution of the diplomatic and consular services. *London,* 1871.

Regulations for H. M's diplomatic service. *London,* 1873.

ÉTATS-UNIS D'AMÉRIQUE

Bouvier. — Law dictionary of the United-States of America.

Francis Wharton. — A Digest of the international Law of the United-States. *Washington,* 2ᵉ édt. 1887, 3 vol.

Voir : ch. iv, n. 78-110 : Diplomatic agents, et n. 374.

ALLEMAGNE

A. Brauer. — Die deutschen Justizgesetze in ihrer Anwendung auf die amtliche Thætigkeit der Konsulen und diplomatischen agenten, und die Konsular gerichts barkeit. (Les lois judiciaires de l'Allemagne dans leur application aux fonctions administratives des consuls et agents diplomatiques et à la juridiction consulaire). *Berlin,* 1879, 1 vol.

OUVRAGES DU MÊME AUTEUR

Jurisprudence de la Cour de Cassation, sur la loi électorale de 1874, par Henri Coulon, avocat à la Cour d'appel.   1 fr. 50

Jurisprudence de la Cour de Cassation, sur la loi relative à l'ivresse publique, par Henri Coulon, avocat à la Cour d'appel. . . . . 1 fr. 50

Etude pratique et projet de loi sur l'application du Jury en matière correctionnelle, par Albert Faivre et Henri Coulon, avocats à la Cour d'appel . . . . 1 fr. »

Manuel-formulaire du Divorce et de la Séparation de corps, contenant les lois du 27 Juillet 1884 et 20 Avril 1886, article par article : 1° la législation antérieure ; 2° le résumé des travaux et débats parlementaires ; 3° l'exposé complet et raisonné de la doctrine et de la procédure ; 4° le sommaire des principales décisions rendues de 1809 à ce jour, par les tribunaux français et étrangers, avec les renvois aux recueils ; 5° un modèle de chaque acte de la procédure en divorce : une table alphabétique et analytique, très détaillée, rend les recherches des plus faciles, par Henri Coulon, avocat à la Cour d'appel de Paris et Albert Faivre, avocat, ancien directeur à la Préfecture de la Seine. *Quatrième édition*, entièrement refondue. 1 volume de plus de 600 pages. . . . . 6 fr. 50

Jurisprudence du Divorce, recueil, par ordre chronologique, contenant : 1° le texte des arrêts de principes rendus en causes de Divorce, depuis 1803 jusqu'à ce jour, par les tribunaux français et étrangers : 2° le texte de toutes les décisions des tribunaux étrangers, citées par les divers commentateurs de la loi rétablissant le Divorce ; par les auteurs du *Manuel-Formulaire du Divorce*, 1 fort et beau volume in-18. Deuxième tirage. . 5 fr. »

Commentaire de la loi sur les marchés à terme, par Henri Coulon, avocat à la Cour d'appel. 1 volume. . . . . 1 fr. 50

De la Condition des Enfants naturels reconnus dans la succession de leurs père et mère. Ce qu'elle a été. — Ce qu'elle est. — Ce qu'elle devrait être, par Henri Coulon, avocat à la Cour d'appel. 1 volume. . . . . 2 fr. 50

Code pratique des Assurances maritimes, du délaissement, des avaries, du jet et de la contribution, par Henri Coulon et Georges Houard, avocats à la Cour d'appel de Paris. Deux forts volumes . . . . 16 fr. »

EN COURS DE PUBLICATION

Dans les *Lois Nouvelles*, recueil bi-hebdomadaire. **Législation nouvelle de la Liquidation judiciaire et de la faillite**, par Henri Coulon, avocat à la Cour d'appel. 1 vol. 8 fr. »

9 782329 066820